अग्नि-क्रियायोग

(यज्ञ से कुण्डलिनी-जागरण)

यूनीकॉर्न

अग्नि-क्रियायोग

(यज्ञ से कुण्डलिनी-जागरण)

स्वामी बुद्धपुरी जी

यूनीकॉर्न बुक्स

F-2/16, अंसारी रोड, दरियागंज, नई दिल्ली-110002
☎ 23275434, 23262683, 23250704 • Fax: 011-23257790
ई-मेल: info@unicornbooks.in • वेबसाइट: www.unicornbooks.in

शाखा : मुम्बई
23-25, जाओबा वाड़ी, ठाकुरद्वार, मुम्बई-401002
☎ 022-22010941, 022-22053387
ई-मेल: rapidex@bom5.vsnl.net.in

ISBN: 978-81-7806-235-8
अग्नि-क्रियायोग

संस्करण : 2017

मुद्रकः परम ऑफसेटर्स, ओखला, नई दिल्ली-110020

अनुक्रमणिका

प्राक्कथन

आचार्य सियारामदास नैयायिक
श्रीरामानन्दाचार्य वेदान्तपीठाध्यक्ष
जगद्गुरु रामानन्दाचार्य राजस्थान संस्कृत
विश्वविद्यालय, जयपुर

श्री रामकृष्णाभ्यां नमः

कुण्डलिनी महाशक्ति को जाग्रत करने के लिए ही सम्पूर्ण योगों की साधना है। जैसे पर्वत एवं वनों सहित समग्र पृथ्वी के आधार भगवान् शेष हैं, वैसे ही निखिल योगसाधनाओं की आधारभूता भगवती कुण्डलिनी हैं अर्थात् इनके जागरण बिना सभी योगसाधन व्यर्थ हैं-

सशैलवनधात्रीणां यथाधारोऽहिनायकः।
सर्वेषां योगतन्त्राणां तथाधारो हि कुण्डली॥

(हठयोग प्रदीपिका-3/1)

साधनाएँ तो आवश्यक हैं ही, पर गुरुकृपा के बिना साधक की यह महाशक्ति जाग्रत नहीं होती और इसके जागरण बिना मूलाधार आदि षट्चक्रों (छः चक्रों) एवं ब्रह्मग्रन्थि, विष्णुग्रन्थि तथा रुद्रग्रन्थि का भेदन भी नहीं होता-

सुप्ता गुरुप्रसादेन यदा जागर्ति कुण्डली।
तदा सर्वाणि पद्मानि भिद्यन्ते ग्रन्थयोऽपि च॥

(हठयोग प्रदीपिका-3/2)

इस महाशक्ति के जागरण के बाद ही महामृत्यु से मुक्ति मिल सकती है **'तदा कालस्य वञ्चनम्'** (ह.यो.प्र. 3/3) और ऐसा प्राणी ही अमर है, क्योंकि उसने उस काल पर विजय प्राप्त कर ली है, जिसके मुख का ग्रास चराचर जगत् बन रहा है। अतः वह सभी का प्रणम्य है-

अमराय नमस्तुभ्यं सोऽपि कालस्त्वया जितः।
पतितः वदने यस्य जगदेतच्चराचरम्॥

(हठयोग प्रदीपिका-4/13)

और हम भी ऐसे महामनीषी, महायोग के महासागर, नूतन दृष्टि ('यज्ञ से कुण्डलिनी जागरण' जैसे अनेक ग्रन्थरूपी दृष्टि) देने वाले समस्त जनों के उपकारी श्री स्वामी जी को प्रणाम करते हैं-

महायोगमहाम्भोधिस्वामिनं दृष्टिदायनम्।
श्रीमद्बुद्धपुरीं नौमि विश्वेषमुपकारिणम्॥

महायोगी स्वामिप्रवर श्रीबुद्धपुरी जी महाराज द्वारा प्रणीत 'यज्ञ से कुण्डलिनी जागरण' ग्रन्थ को मैंने आद्योपान्त पढ़ा। वैसे तो कुण्डलिनी जागरण अनेक प्रकार की साधनाओं से होता है, जिनमें नामजप, मन्त्रजप, स्तोत्र-पाठादि रूप स्वाध्याय भी हैं, पर सिद्धगुरु (जिनकी कुण्डलिनी आज्ञाचक्र का भेदन अवश्य कर चुकी हो) की कृपा के बिना यह कार्य असम्भव ही है। अस्तु।

'यज्ञ से कुण्डलिनी जागरण' में वर्णित **'अग्नि-क्रियायोग'** सर्वथा एक नवीन एवं सहज वैज्ञानिक विधा है। देवों को उद्देश्य करके जो द्रव्य त्याग (आहुति) किया जाता है, उसे यज्ञ कहते हैं-

देवतोद्देशेन द्रव्यत्यागो यागः।

इस याग (यज्ञ) के दो रूप हैं- द्रव्य और देवता। मीमांसा न्याय-प्रकाशकार कहते हैं- **'यागस्य द्वे रूपे द्रव्यं देवता चेति'** पर इस यज्ञ का मूल उद्देश्य रहा है, स्वर्गादि तुच्छ सुखों की प्राप्ति ही। क्योंकि कर्मकाण्डविद् वेदज्ञों ने तत्त्वसुखों को ही सर्वस्व मानकर आज्य (घृत) तथा तिल आदि द्रव्यों से तत्तन्मत्रों द्वारा देवताओं* से सम्बन्ध बनाने का प्रयास किया। किन्तु जिन अग्निदेव के माध्यम से उनका सम्बन्ध तत्तद देवताओं से उन-उन सुखों की प्राप्ति हेतु हुआ, उनका क्या महत्त्व है और वे विशेष कर्मकाण्ड की अपेक्षा किये बिना भी किस सर्वोत्कृष्ट सुख की प्राप्ति करा सकते हैं- इसका परिज्ञान उन क्रियाविदों को भी नहीं हुआ।

टिप्पणी *वेद मीमांसकों ने देवताओं के विग्रहादि पंचक का निराकरण किया है। कौतूहल वृत्तिकार ने सप्रमाण प्रौढ़िवाद कहकर जैमिनि सूत्रों से उनके स्वरूप की पुष्टि की है। **'वज्रहस्तः पुरन्दरः'** जैसे वेदवाक्य भी इसमें प्रमाण हैं।

अतएव देवर्षि नारद से हजारों यज्ञों के अनुष्ठाता महाराज प्राचीनबर्हि अपना यज्ञ कराने वाले विशिष्ट विद्वानों के विषय में डिमडिम घोषपूर्वक कहते हैं- 'मुझे यज्ञात्मक कर्म का उपदेश करने और उसे सम्पन्न कराने वाले आचार्य भी, जिसका आपने उपदेश किया है, उसे निश्चित ही नहीं जानते हैं। यदि जानते होते तो बतलाते क्यों नहीं-'

नैतज्जानन्त्युपाध्याया: किं न ब्रूयुर्विदुर्यदि।

(भागवत महापुराण-4/56)

अन्तत: देवर्षि ने उन्हें कर्मकाण्ड बहुल यज्ञ से विरत करके भगवदुपासना में 'पुरंजनोपाख्यान' द्वारा सूक्ष्म तत्त्व का उपदेश देकर लगाया। किन्तु हमारे परमयोगी श्री स्वामीजी ने अपनी ऋतम्भरा प्रज्ञा से एक ऐसे मार्ग का दिव्य दर्शन 'यज्ञ से कुण्डलिनी जागरण' ग्रन्थ द्वारा कराया है, जो इस युग के लिए साधना की एक नयी देन है। समय-समय पर ऐसे ही महामनीषियों द्वारा अपनी दिव्य शक्ति से समाज को तापत्रय से विनिर्मुक्त करके मोक्षसुख का समास्वादन कराने की कृपा की गयी है। ऐसी ही कृपा का मूर्तिमान् रूप यह ग्रन्थ है।

विलक्षण अनुभूति हेतु समुत्सुक साधकों के लिए तो यह उपादेय है ही, किन्तु जो अनेक शास्त्रीय विषयों के वैज्ञानिक विवेचन के जिज्ञासु हैं, ऐसे मात्सर्यरहित विद्वानों के लिए भी यह प्रकाशपुंज है। इसमें ऐसी भ्रान्तियों का भंजन किया गया है, जिनके कारण लोग यज्ञ के नाम से भयाक्रान्त थे-

'नास्ति यज्ञसमो रिपु:' यज्ञ के समान कोई शत्रु नहीं, तथा

'विधिहीनस्य यज्ञस्य सद्य: कर्ता विनश्यति' विधिहीन यज्ञ का कर्ता शीघ्र विनष्ट हो जाता है।

(वाल्मीकि रामायण-1/12/18)

त्वष्टा जैसे महर्षि से अनुष्ठित यज्ञ, स्वर के अपराधमात्र से उनके मूल लक्ष्य इन्द्रवध को सम्पन्न न करके यज्ञसम्भूत वृत्र के वध का ही कारण बन गया, फिर हम जैसे लोग यज्ञ से लाभ कैसे प्राप्त कर सकेंगे? ऐसी बहुत-सी भ्रान्तियों का समूलोन्मूलन पूज्यपाद स्वामीजी ने 'कुछ भ्रान्तियों का निराकरण' शीर्षक से किया है और बतलाया है कि यज्ञ की

विधिहीनता प्रायेण वेदविद् होने पर भी हमारे राग-द्वेषादि शत्रुओं द्वारा ही प्रकट की जाती है।

प्रस्तुत ग्रन्थ में यज्ञ का स्वरूप अग्नि-साधना के रूप में प्रस्तुत करके, उसमें कतिपय मुद्राओं एवं भिन्न-भिन्न क्रियाओं द्वारा (जिसमें प्रतपन जैसी यज्ञ की क्रियाएँ भी समाहित हैं) कैसे स्वास्थ्य लाभ और मुख्य लक्ष्य कुण्डलिनी जागरण सम्भव है- ये सभी तथ्य दर्शाये गये हैं।

वस्तुतः इस प्रक्रिया को यदि वैदिक कर्मकाण्डी यज्ञ से जोड़ने का संकल्प करके उसमें प्रवृत्त हों, तो उन्हें अवश्य ही स्वर्ग की प्राप्ति होगी, तुच्छ इन्द्रादि लोकों की नहीं, जो आज स्वर्ग के नाम से प्रसिद्ध हैं; क्योंकि स्वर्ग उस सुखविशेष (मोक्ष) का नाम है, जो दुःख से संस्पृष्ट न हो और सुख के बाद भी दुःख से ग्रस्त न हो तथा संकल्प मात्र से प्राप्त हो- ऐसे सुख को ही स्वर्ग कहते हैं-

यन्नदुःखेन सम्भिन्नं न च ग्रस्तमनन्तरम्।
अभिलाषोपनीतं च तत्सुखं स्वःपदास्पदम्॥

स्वः अर्थात् स्वर पदवाच्य पूर्वोक्त सुख है। स्वर (स्वः) स्वर्ग का वाचक है- **'स्वरव्ययं स्वर्ग'** (अमरकोष, प्रथमकाण्ड-1/6)।

क्या इन्द्रलोक का सुख दुःख से मिश्रित नहीं है? क्या वहाँ पर अपने से उत्कृष्ट व्यक्ति के सुख को देखकर जलन नहीं होती है? क्या कुछ काल स्वर्ग भोगने पर दुर्दान्त दैत्यों द्वारा देवराज इन्द्र स्वर्ग से भ्रष्ट नहीं कर दिये जाते या नहीं कर दिये गये? क्या वहाँ संकल्पमात्र से सुख की प्राप्ति हो सकती है? नहीं, क्योंकि उनका सुख सीमित है और सीमित क्रियाजन्य भी। अतः स्वर्ग का लक्षण मोक्षसुख को छोड़कर अन्यत्र संघटित ही नहीं हो सकता। वह मोक्षसुख भिन्न-भिन्न दार्शनिकों के अनुसार साकेत, कैलास, वैकुण्ठादि नामों से कहा जाये या आत्मस्वरूप-साक्षात्काररूप, इसमें कोई विवाद नहीं, क्योंकि इसी में स्वर्ग का लक्षण घटित होता है।

अतः उपनिषदों एवं बादरायणप्रणीत ब्रह्मसूत्रों के उन-उन भाष्यकारों (जैसे जगद्गुरु भगवत्पाद शंराचार्य, जगद्गुरु श्री रामानन्दाचार्य) ने जिस सुखविशेष की प्राप्ति हेतु अपनी लेखनी चलायी, उसकी प्राप्ति का मार्ग

शास्त्र प्रमाण से प्रस्तुत किया, उसे ही एक नये चिन्तन किंवा ऋतम्भरा प्रज्ञा से 'यज्ञ से कुण्डलिनी जागरण' नामक ग्रन्थ द्वारा श्रीस्वामीजी ने प्रस्तुत किया है, जो सर्वथा नूतन एवं वैज्ञानिक है। इस ग्रन्थ को पढ़कर मेरे हृदय में भागवत माहात्म्य की इस पंक्ति का सद्यः स्मरण होने लगता है-

'प्रकाशितः कोऽपि नवीन मार्गः'

(श्रीपद्मपुराण, उत्तरखण्ड-4/10)

पूज्य श्रीस्वामीजी द्वारा प्राणियों के हित का विचार करके अभूतपूर्व (अश्रुतपूर्व) इस नूतन मार्ग (अग्नि-क्रियायोग) को प्रकाशित किया गया है।

यद्यपि सच्चिदानन्द ब्रह्म ही 'जगत्' रूप में भासित हो रहा है- **'सर्वं खल्विदं ब्रह्म'** तथापि मुझे वह 'सत' रूप से श्रीस्वामीजी के रूप में, 'चित्' अर्थात् ज्ञानशक्ति जिसे 'चैतन्य' कहते हैं, वह साध्वी योगांजलि चैतन्या स्वरूप में (जिनके साधना चित्र पुस्तक में संकलित हैं) तथा 'आनन्द' श्री स्वामी सूर्येन्दुपुरीजी के रूप में प्रतिभासित हो रहा है। भगवान् दशरथनन्दन श्रीराम इस नवीन मार्ग पर इनके द्वारा जन-जन को पथिक बनवाकर उन सबको जीवन का सच्चा सुख प्राप्त करायें-

बुद्धपुरीकृतो मार्गः, भव्यो भूमण्डलेऽधुना।
भातु भानुप्रभातुल्यः, यावच्चन्द्रदिवाकरौ।।

(आचार्य सियारामदास नैयायिक)

स्वामी श्री बुद्धपुरी जी महाराज द्वारा वर्तमान काल में प्रकट किया गया यह मार्ग (यज्ञ से कुण्डलिनी जागरण अथवा अग्नि-क्रियायोग) भूमण्डल में अति सुन्दर है। भगवान् भास्कर की प्रभा की भाँति यह तब तक प्रकाशित हो, जब तक सूर्य और चन्द्रमा विराजमान रहें।

महापुरुषपादपद्मभृंगः
आचार्य सियारामदास नैयायिक
श्रीरामानन्दाचार्य वेदान्तपीठाध्यक्ष
जगद्गुरु रामानन्दाचार्य राजस्थान संस्कृत विश्वविद्यालय, जयपुर
ग्राम-मदाऊ, पोस्ट-भांकरोटा,
जिला-जयपुर, (राजस्थान)

भूमिका

बात बहुत पुरानी नहीं है, वर्ष 2006 में जब ब्रह्मचर्य-दीक्षा के रूप में गुरुकृपा ने इस सेवक को परमार्थ पर विधिवत् स्थापित किया। इस अवसर पर स्वयं गुरुदेव (स्वामी बुद्धपुरी जी) की उपस्थिति एवं मार्गदर्शन में एक भव्य यज्ञ का भी आयोजन हुआ। आश्रम के केन्द्र में बने एक विशाल अग्निकुण्ड में प्रायः तीन घण्टे से अधिक समय तक यज्ञ चलता रहा। निकट-दूर के अनेक प्रेमी भक्तों ने उस यज्ञ में बढ़-चढ़ कर भाग लिया। इस यज्ञ में गुरुचरणों के अनन्य भक्त सहारनपुर के श्री जगदमन चोपड़ा भी उपस्थित थे। यद्यपि वह गुर्दे में पथरी से अत्यन्त पीड़ित थे और उसके आपरेशन के लिए अस्पताल में भर्ती थे, किन्तु आश्रम में इस विशेष समागम की सूचना मिलने पर वह रुक न सके और अपने डाक्टर बेटे की सिफारिश पर अस्पताल से दो दिन की छुट्टी लेकर आश्रम आ गये। गुरुचरणों के दर्शन से ही उनका आधा दर्द जाता रहा। यज्ञ में भी वह तकलीफ के बावजूद महाराज जी के निकट नीचे धरती पर ही बैठे और पूरे समय अग्निदेव से सम्बन्ध जोड़कर विधिवत् मन्त्रोच्चारण करते रहे। समारोह की भव्यता में अग्निदेव का सान्निध्य और गुरुचरणों का सामीप्य पाकर वह अपने दर्द को बिल्कुल ही भूल गये, लेकिन अगले दिन वह घर पहुँचे, तो उनके बेटे ने उनकी बात अनसुनी करते हुए उन्हें हठपूर्वक पुनः अस्पताल में भर्ती करवा दिया। आपरेशन की सारी तैयारी पहले से ही थी, लेकिन उनके वार्धक्य, यात्रा की थकान और दर्द में कमी को देखते हुए डाक्टरों ने उन्हें एक दिन आराम करवा कर फिर आपरेशन करने का निश्चय किया। उनकी दो दिन पुरानी अल्ट्रासाउण्ड की रिपोर्ट के आधार पर

आपरेशन के लिए उनके गुर्दे में नली डाली गयी, लेकिन यह क्या? वहाँ तो कोई पथरी नहीं मिली। डाक्टरों ने बार-बार कोशिश की, लेकिन पथरी नहीं मिली। आखिर हारकर उन्होंने फिर से उनका स्कैन करवाया, तो पथरी का नामोनिशान भी उन्हें नहीं मिला। न केवल डाक्टर बल्कि उनका बेटा भी इस गुत्थी को सुलझाने में असमर्थ थे, किन्तु श्री जगदमन चोपड़ा स्वयं गुरुकृपा की महिमा में नतमस्तक थे।

वस्तुतः यह शुभारम्भ था, 'सिद्धामृत सूर्य-क्रियायोग' तथा 'संजीवनी-क्रियायोग' के अनन्तर महायोगीय साधना राज्य में प्रवेश के एक और विशेष साधन-पथ का। यद्यपि उस समय इस घटना को इतना महत्त्व नहीं दिया गया, किन्तु तदुपरान्त दो वर्षों में अनेक समकक्ष उदाहरणों से न केवल अग्नि-यज्ञ की महिमा प्रकट होने लगी, बल्कि अग्निदेव के तेज को शरीर में धारण कर शरीरस्थ अग्नि को प्रज्वलित करने हेतु एक पूर्ण व्यवस्थित साधन-क्रम की आवश्यकता भी प्रतीत होने लगी। सबसे बढ़कर आवश्यकता थी, यह स्पष्ट करने की कि अग्निदेव का प्रताप मात्र शारीरिक रोगों के निवारण तक ही सीमित नहीं है, बल्कि यह तो मर्त्य शरीर को दिव्यता में रूपान्तरित करने का एक विशिष्ट साधन है।

तन-मन की शुद्धिपूर्वक चैतन्य की प्राप्ति रूप विश्व शक्ति चेतना के इस विकास क्रम को नाम दिया गया 'अग्नि क्रिया योग'। निश्चित ही यह साधना अग्निहोत्र के सनातन सिद्धान्त पर आधारित है, किन्तु एक नये नाम की आवश्यकता इसलिए भी प्रतीत हुई, क्योंकि वर्तमान युग में यज्ञ के मूल सिद्धान्त ही जनसामान्य को अस्पष्ट हैं। यज्ञ तो सर्वत्र हो रहे हैं, किन्तु उनके फल **(अग्निहोत्र फलाः वेदाः)** अत्यन्त दुर्लभ हैं। शास्त्र भी इस विषय में बहुधा दुविधा ही उत्पन्न करते हैं। एक ओर जहाँ वेद शास्त्रों में यज्ञ व अग्निहोत्र की महिमा प्रचुरता से भरी पड़ी है, वहीं मुण्डकोपनिषद् के प्रथम मुण्डक के दूसरे खण्ड में स्पष्ट लिखा है:-

प्लवा ह्येते अदृढ़ा यज्ञरूपा अष्टादशोक्तमवरं येषु कर्म।
एतच्छ्रेयो येऽभिनन्दन्ति मूढ़ा जरामृत्युं ते पुनरेवापि यन्ति॥

अर्थात् 'निश्चय ही ये यज्ञ रूप अठारह नौकाएँ अदृढ़ हैं, जिनमें नीची श्रेणी का उपासना रहित सकाम कर्म बताया गया है। जो मूर्ख यही कल्याण का मार्ग है, ऐसा मानकर इसकी प्रशंसा करते हैं, वे बारम्बार निस्सन्देह वृद्धावस्था और मृत्यु को प्राप्त होते रहते हैं।'

यद्यपि इस मन्त्र से यह संकेत भी मिलता है कि जो उपासना रहित सकाम भाव से किये जाने वाले यज्ञ हैं, वे ही भटकाने वाले हैं। यह भी स्पष्ट होता है कि बुढ़ापे और मृत्यु का कारण भी यह भटकन ही है। शास्त्रों में यह भी निर्देश है कि समस्त रोगों का कारण महारोग तो मृत्यु ही है। 'अग्नि-क्रियायोग' की इस चर्चा में इन रहस्यों के विज्ञान की चर्चा के साथ-साथ इनके निवारणार्थ अनुभूत प्रयोगों का भी स्पष्ट निर्देश है। कठोपनिषद् (1/14) में यम-नचिकेता संवाद में भी इस रहस्य का उद्घाटन करते हुए कहा गया है:-

त्रिणाचिकेतस्त्रिभिरेत्य सन्धिं त्रिकर्मकृत तरति जन्ममृत्यु।
ब्रह्मजज्ञं देवमीड्यं विदित्वा निचाय्येमाꣳशान्तिमत्यन्तयेति॥

अर्थात् 'तीन बार नाचिकेत अग्नि का अनुष्ठान करने वाला ऋक्-साम-यजु के साथ सम्बन्ध जोड़कर यज्ञ-दान-तप तीनों कर्मों को निष्काम भाव से करने वाला जन्म-मृत्यु से तर जाता है। ब्रह्मा से उत्पन्न सृष्टि के जानने वाले स्तवनीय इस अग्निदेव को जानकर तथा इसका निष्कामभाव से चयन करके इस अनन्त शान्ति को पा जाता है।'

महायोगी गुरुदेव स्वामी बुद्धपुरीजी महाराज ने वेदों के इन रहस्यों को साधना द्वारा अनुभव करके विधिबद्ध किया और प्रस्तुत पुस्तक में अत्यन्त सरल रूप में इस प्रकार प्रस्तुत किया है कि जिसे जानकर एक श्रद्धा-विवेक युक्त जिज्ञासु महायोग के इस अग्निपथ पर सहज ही आरूढ़ हो सकता है। वस्तुतः अग्निहोत्र का लक्ष्य है- यज्ञकुण्ड की अग्नि के सहयोग से शरीरस्थ योगाग्नि को प्रचण्ड करना और फिर उसके द्वारा ज्ञानाग्नि का जागरण करना। प्रश्नोपनिषद् में बड़े सुन्दर ढंग से इस यज्ञ-प्रक्रिया का वर्णन किया गया है:-

यदुच्छ्वासनिः श्वासावेतावाहुती समं नयतीति स समानः।
मनो ह वाव यजमानः। इष्टफलमेवोदानः।
स एवं यजमानमहरहब्रह्म गमयति।

'जो ऊर्ध्वश्वास और अधोश्वास हैं, ये दोनों दो आहुतियाँ हैं, इनको जो समभाव से पहुँचाता है (सब ओर) वही 'समान' हवन करने वाला ऋत्विक (होता) है। यह प्रसिद्ध मन ही यजमान है। अभीष्ट फल ही उदान है। वह उदान ही इस मनरूप यजमान को प्रतिदिन (निद्रा के समय) ब्रह्मलोक में भेजता है।' (प्रश्नोपनिषद्-4/4)

स्पष्ट है कि परमात्मा की कृपा से पिण्ड-ब्रह्माण्ड में सतत् ही यज्ञ चल रहा है, किन्तु विषयाभिमुखी मन इस यज्ञ में संलग्न नहीं हो पाता। परिणामस्वरूप पिण्ड की अग्नि धीरे-धीरे मन्द पड़ जाती है और जरा-व्याधि-मृत्यु का कारण बनती है। इन रहस्यों के अनावरण के साथ-साथ प्रस्तुत पुस्तक में वर्णित 'अग्नि-क्रियायोग' बाह्य अग्नि के सहयोग से पिण्डस्थ अग्नि के जागरण एवं विकास की प्रक्रिया है। वस्तुतः इसी प्रक्रिया को प्रचलित भाषा में भगवती शक्ति कुण्डलिनी का जागरण कहते हैं। वेदवाणी है- **नयमात्मा बलहीनेन लभ्यः।** अर्थात् शक्ति जागरण के बिना आत्मलाभ सम्भव नहीं है। 'अग्नि-क्रियायोग' शक्ति जागरण की एक सहज, सरल तथा युग धर्मानुकूल प्रक्रिया है। आवश्यकता है, इसके विज्ञान तथा विधि को श्रद्धा-बुद्धि के द्वारा आत्मसात् करने की। इसके लिए गुरुदेव के जीवन का एक प्रसंग अत्यन्त प्रेरणादायक तथा प्रत्यक्ष प्रमाण है।

घटना है वर्ष 1990 की, जब महाराजजी प्रायः हिमालय प्रदेश में ही विचरण तथा निवास करते थे। एक बार जब वह कुछ अन्य साथियों के साथ नेपाल में दामोदर कुण्ड (लगभग 16-17000 फीट ऊँचा) की यात्रा पर थे, तो वापस लौटते समय मुक्तिनाथ के निकट आकर मौसम अत्यन्त खराब हो गया। सर्द हवाओं के बीच बर्फीली नदियों से गुजरते समय आकाश से भी मेहवृष्टि होने लगी। ऐसे में सभी के शरीर ठण्ढ से अकड़ने लगे। आखिर एक उचित स्थान देखकर सभी ने थोड़ी देर ठहर कर शरीरों को गर्म करने की सोची। सभी ने कम्बल ओढ़ लिए और चाय बनाने की तैयारी हुई। उधर गुरुदेव ने कम्बल लेकर ध्यानस्थ होने का प्रयास किया, किन्तु ठण्ढ से काँपते शरीर में एकाग्रता बन नहीं पा रही थी। प्राणायाम को भी शरीर स्वीकार नहीं कर रहा था। ऐसे में गुरुदेव ने लेटकर अग्निबीज 'रं' का पूरी गहराई से उच्चारण किया। एक बार के उच्चारण से ही प्राणों में इतना वेग पैदा हुआ कि उन्हें उठ कर बैठना पड़ गया। पुनः उच्चारण किया गया। अब तो शरीर में इतनी अग्नि प्रचण्ड हो गयी कि जो शरीर अभी कम्बल में भी ठण्ढ से काँप रहा था, उसमें पसीने छूटने लगे और ठण्ढा पानी मांगकर पीना पड़ा।

अग्निपथ पर प्रशस्त उनकी साधना धारा में 'सिद्धामृत सूर्य-क्रियायोग', 'संजीवनी-क्रियायोग', 'खेचरी-सिद्ध-क्रियायोग', 'शाम्भवी नाद-क्रियायोग', 'अग्नि-क्रियायोग' सदृश महायोगीय साधनाओं के अनेक पड़ाव आये हैं

और यात्रा अभी भी जारी है। उनका शरीर पिछले अनेक वर्षों से भोजन, निद्रा आदि की आवश्यकताओं से प्रायः मुक्त योगाग्नि की ज्वाला में तप रहा है और योगाधिराज परम शिव के अवतरण के लिए सतत् प्रयासरत है। शिव-शक्ति की इस योगधारा में जनसामान्य का भी प्रवेश करवाने के लिए अनेक घाटों का निर्माण हो चुका है। शिव की कृपाशक्तिमयी इस अमृत-गंगा में गोते लगाने का आवाहन सभी को है।

पिछले अनेक वर्षों से आश्रम में निरन्तर अन्य साधनाओं के साथ-साथ 'अग्नि-क्रियायोग' का अभ्यास भी चल रहा है। जिज्ञासुओं को इस नवीन साधना पथ पर अग्रसर करने के निमित्त से ही इस पुस्तक की रचना हुई है। जब वाराणसी के विद्वान् और स्वजन योगेश ब्रह्मचारी जी से पुस्तक पर सम्मति लेने सम्बन्धी चर्चा हुई, तो उन्होंने स्वामी सियारामदासजी का नाम सुझाया, क्योंकि यह एक प्रायोगिक विषय है और स्वामी जी स्वयं एक अच्छे साधक हैं। प्रथम भेंट में ही उन्होंने प्रत्यक्ष प्रमाण में अधिक रुचि प्रकट की। जगद्गुरु रामानन्दाचार्य राजस्थान संस्कृत विद्यालय में उनके निवास पर ही 'अग्नि-क्रियायोग' का आयोजन हुआ। तपोमय जीवन तथा पूर्व साधना से संस्कारित स्वामीजी को इस प्रथम अभ्यास में ही अग्न्याकाश में प्रवेश प्राप्त हुआ और तेजस पुरुष के साक्षात् दर्शन एवं आशीर्वाद का सौभाग्य भी मिला। उनके विद्यार्थियों ने भी अपने शरीरों में अग्निदेव का प्रवेश होते अनुभव किया जिससे उनके मन स्वाभाविक ही अन्तर्मुखी होने शुरू हो गये।

स्वानुभूत एवं अनेक साधकों के अनुभवों से प्रमाणित यह शास्त्रसम्मत साधन-विज्ञान चर्चा जिज्ञासुओं की प्रेरणा तथा प्रगति का कारक बने। ऐसी ही प्रभु चरणों में प्रार्थना है।

गुरु चरणरज का एक क्षुद्र कण,

स्वामी सूर्येन्दु पुरी
शब्द सुरति संगम आश्रम
गाँव-मल्लके, जिला-मोगा (पंजाब)
दूरभाष : 01635 - 267947, 094172-67947
Website : www.shabadsuratsangam.org
E-mail : info@shabadsuratsangam.org

प्राचीन समयों में परमपद सच्चिदानन्द परमात्मा की प्राप्ति के लिए दो ही मुख्य साधनाओं का प्रचलन रहा है। इन दो साधन धाराओं की ही अनन्त शाखाएँ ब्रह्मज्ञानी महापुरुषों द्वारा देश, काल तथा अधिकारी के भेद से समय-समय पर प्रचारित की जाती रही हैं। यह दो साधनाएँ हैं बहुप्रचलित (1) सूर्य-साधना तथा (2) अग्नि-साधना।

सूर्य-साधना ही ऋषि अनुमोदित 'सन्ध्या' है तथा अग्नि-साधना को ही 'यज्ञ' अथवा 'अग्निहोत्र' का नाम दिया जाता रहा है।

यद्यपि सन्ध्या और यज्ञ का प्रचलन अब भी है, किन्तु तप और भावशून्य क्रियाकलापों को ही प्रधानता देकर सिद्धान्त के विरुद्ध सूर्य की ओर पीठ करके अथवा आँखें झुकाकर भी सूर्यमन्त्र (गायत्री) आदि का उच्चारण करने से ही 'मैं सन्ध्या करता हूँ', ऐसा मान लेना तो अहं की ही वृद्धि का साधन बनेगा। अग्नि प्रज्वलित तो कर दी, किन्तु कहीं पसीना न आ जाये या कहीं त्वचा गर्म न हो जाये, इस प्रकार ज्वालाओं से भयभीत होकर सिकुड़ते हुए आहुति को अग्नि में डालते जाने मात्र का नाम यज्ञ नहीं है। चंचल नेत्रों से मन ही मन स्वाहा शब्द का अस्पष्ट-सा उच्चारण करके और अन्यमनस्क से बने मन्त्रों को पढ़ते

रहने से अग्नि का योग स्थापित नहीं हो सकता। अग्नि के सम्मुख बैठ कर भी अग्निदेव के साथ आहुति डालने वालों का कोई सम्बन्ध न हो और ऐसा करने पर भी हम चाहें कि हम ऋषियों के समान तेजस्वी और वेदज्ञ बन जायें, हमारे तेज के सामने मृत्यु भी भयभीत हो। भला यह किस प्रकार सम्भव है?

सर्व साधनाओं का आधार : सुषुम्ना का अग्निपथ

जिस प्रकार सन्ध्या के द्वारा सूर्यदेव के साथ सीधा सम्बन्ध जोड़ते हुए सूर्यों के भी सूर्य परमदेव परमात्मा से मिलन प्राप्त करना और सूर्य का भेदन करना ही कर्तव्य होता है (इस दिव्य साधना का वर्णन 'सिद्धामृत सूर्य-क्रियायोग' के नाम से प्रकाशित हो चुका है)। **इसी प्रकार 'यज्ञ' साधना के द्वारा अग्निदेव के साथ सीधा सम्बन्ध जोड़ते हुए पिण्ड और ब्रह्माण्ड में अग्निपथ का निर्माण करना ही याज्ञिक का लक्ष्य है।** ब्रह्माण्ड में वह पथ धरती से समुद्र, समुद्र से अन्तरिक्ष तथा अन्तरिक्ष से सूर्य तक है। जब यह पथ खुलता है, तब धरती का जल बादल बनकर ऊपर उठता है और फिर वर्षा रूप में पृथ्वी का पोषण करता है। **शरीर के अन्दर विद्यमान इस अग्निपथ को प्रचलित भाषा में सुषुम्ना कहा जाता है, किन्तु यह पथ प्रायः बन्द ही है और इसे खोलना ही सारी साधनाओं का सार है।** इस अग्निपथ का एक सिरा नीचे मूलाधार में है तथा दूसरा ऊपर ब्रह्मरन्ध्र में है। बीच में अनेक चक्र तथा ग्रन्थियाँ हैं। नाभिकुण्ड की अग्नि का जब जागरण होता है, तो स्वाभाविक ही यह ऊपर को उठती है और समस्त ग्रन्थियों का भेदन करते हुए पिण्ड और ब्रह्माण्ड में ऐक्य स्थापित करती है।

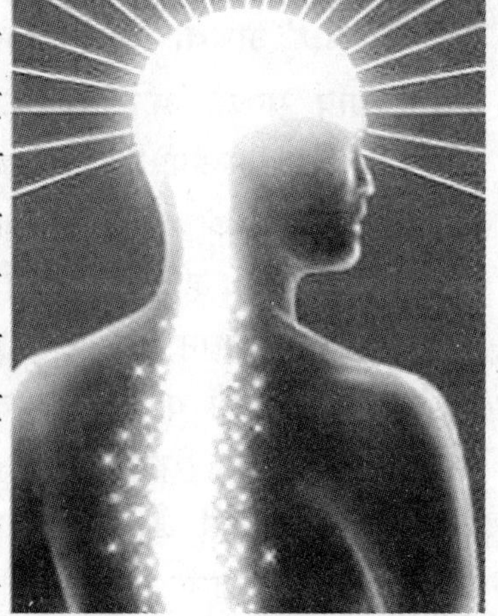

ध्यान रहे, जब तक अग्नि के साथ साधक (यज्ञकर्ता) का सम्बन्ध

नहीं होता, तब तक अग्निहोत्र अथवा यज्ञक्रिया केवल शुष्क कर्मकाण्ड बनी रहकर निष्प्रभावी ही रहती है। जब तक प्रज्वलित अग्नि को साधक अपने शरीर के अन्दर शोषित करने की साधना नहीं जानता, भला तब तक उसका सम्बन्ध अग्निदेव के साथ कैसे जुड़ सकता है, क्योंकि **अग्निरूप होते हुए ही अग्निदेव के साथ सीधा सम्बन्ध जोड़ा जा सकता है।** भला ऐसा कैसे सम्भव है कि बाहर तो अग्नि में डाले द्रव्य सूर्यमण्डल तक (अन्यान्य देवों तक) पहुँच जायें और यज्ञकर्ता का अन्तर्पथ (सुषुम्ना) अन्धकारपूर्ण ही बना रहे?

सूर्य, वायु, अग्नि आदि जिन देवताओं की स्थिति ब्रह्माण्ड में है, उन सभी की स्थिति प्रत्येक शरीर में भी है। यह कैसे सम्भव है कि शरीरस्थ देवता, जो यज्ञकर्ता के सबसे निकट हैं, उनके साथ तो कोई सम्बन्ध ही न हो अथवा वे तो सुप्त ही बने रहें और दूसरी ओर ब्रह्माण्डव्यापी देवता जो दूर हैं, उनके साथ अग्नि में कुछ आहुतियाँ मात्र डाल देने से ही सम्बन्ध जुड़ जाये?

अग्नि से सम्बन्ध जोड़ने का साधन

पुरातन ऋषियों ने अग्निदेव के साथ सम्बन्ध स्थापित करने के लिए पहले कुण्ड में अग्नि प्रचण्ड करके उस अग्नि के साथ नाता जोड़ा, क्योंकि आँखों के द्वारा दृश्यमान अग्नि ही तो अग्निदेव का शरीर है। जिस प्रकार एक साधक का यह पाँचभौतिक स्थूल शरीर है, उसी प्रकार अग्निदेव का भी पंचीकृत स्थूल अग्निमय शरीर है।

जिस प्रकार सूर्यदेव के साथ सम्बन्ध जोड़ने के लिए ब्रह्माण्डस्थ सूर्य के तेजोमय शरीर के साथ सम्बन्ध जोड़ा जाता है, तदनन्तर सूर्यों के भी सूर्य परमदेव से सम्बन्ध जुड़ता है। इसी प्रकार प्रचण्ड अग्नि के साथ सम्बन्ध जोड़कर (अग्नि के तेज को अपने शरीर में आत्मसात् करके) प्रथम अग्निदेव के साथ सम्बन्ध जुड़ता है अर्थात् शरीरस्थ सुषुम्ना पथ अग्निमय हो उठता है। तदनन्तर साधक इस पथ पर अग्रसर होते हुए परमदेव को प्राप्त करता है क्योंकि वस्तुतः सम्पूर्ण अग्नियों का भी अग्नि ही तो परमदेव है।

अग्निदेव के साथ सम्बन्ध जोड़ने की क्रिया का नाम है, 'अग्नि-क्रियायोग'। जिस प्रकार 'सिद्धामृत सूर्य-क्रियायोग' के साधक जानते हैं कि सूर्यदेव के साथ सम्बन्ध जोड़ने का प्रमुख साधन आँखें हैं। उसी प्रकार 'अग्नि-क्रियायोग' के साधकों के लिए यह जान लेना आवश्यक है कि **अग्नि के साथ सम्बन्ध जोड़ने के मुख्य साधन हैं, मुख और जिह्वा तथा इसके सहकारी साधन हैं, हाथ और आँखें।** सम्मुख अग्नि प्रज्वलित करके मुख्य रूप से जिह्वा, हाथ तथा आँखों की विशेष क्रियाएँ तथा गौण रूप से समस्त शरीर की (क्योंकि सारे शरीर में भी अग्नि का संचार करना है) कुछ क्रियाएँ करते हुए **अग्निदेव के साथ सीधा सम्बन्ध जोड़ते हुए शरीर को तेजोमय (स्वस्थ तथा निरोगी) बनाकर अग्निमय सुषुम्नापथ को खोलने की शास्त्र-सम्मत वैज्ञानिक साधना का नाम है, 'अग्नि-क्रियायोग'।**

ऋषियों की साधना : अग्नि-क्रियायोग

पुरातन ऋषियों ने इसी अग्नि-क्रियायोग के द्वारा अपने आप को अग्निमय बनाकर अग्निदेव के माध्यम से ब्रह्माण्ड-व्यापिनी समस्त दैवी शक्तियों से सम्बन्ध स्थापित किया। अपरिमित शक्तियाँ अर्जित करके प्रकृति को विश्व कल्याण के कार्यों में प्रयुक्त करने के लिये साधनाएँ कीं; पारलौकिक तथा लौकिक सब प्रकार की समृद्धता प्राप्त की। पुरातन काल के ऋषियों ने यज्ञाग्नि के सान्निध्य में ध्यान और विचार-अनुसन्धान करते हुए ज्ञान की जिन ऊँचाइयों में अपनी चेतना को जगाया, उस स्तर को प्राप्त करने में वर्तमान युग का वैज्ञानिक अभी भी समर्थ नहीं हो सका है।

काल क्रमानुसार विद्याएँ लुप्त होती गयीं, फिर भी आत्म-चिन्तक तापस साधुओं के धूणों (धूनों) की आग आज भी यत्र-तत्र जलती ही रहती है। परमगुरुदेव स्वामी देवपुरी जी 'कम्बलीवालों' ने प्रायः अपनी अधिकांश साधना प्रज्वलित धूणी (धूनी) के सान्निध्य में ही की और वह निराहारी बनकर अग्निभक्षण करते हुए ही ध्यान-समाधि की साधनाओं में सिद्ध हुए, किन्तु ध्यान-साधनाओं से विमुख आराम-पसन्द तथाकथित साधकों में तो यह अग्निविद्या लुप्त ही हो गयी। वैसे तो आज भी कहीं-कहीं धूने जलते हैं, किन्तु अधिकतर सर्दी दूर करने के लिए या फिर धूने की अग्नि में चाय की केतली उबालने के लिए, न कि साधना करने के लिए। यज्ञों का आडम्बर आज भी होता है, अग्नि जलाकर मन्त्रोच्चारण भी होते हैं, किन्तु सामान्यतया केवल धन-दक्षिणा तथा मान प्राप्त करके अपने अन्तर को विषयों के रस से गीला करने के लिए; न कि त्याग वैराग्यमयी अग्नि की ज्वाला धधकाने के लिए। इन बातों को देखकर कई समाज सुधारकों ने तो अग्नि-साधनाओं का तिरस्कार ही करना शुरू कर दिया। इन लोगों को चूल्हे की अग्नि और अग्निदेव की काया रूपी यज्ञाग्नि में कोई अन्तर नजर नहीं आता।

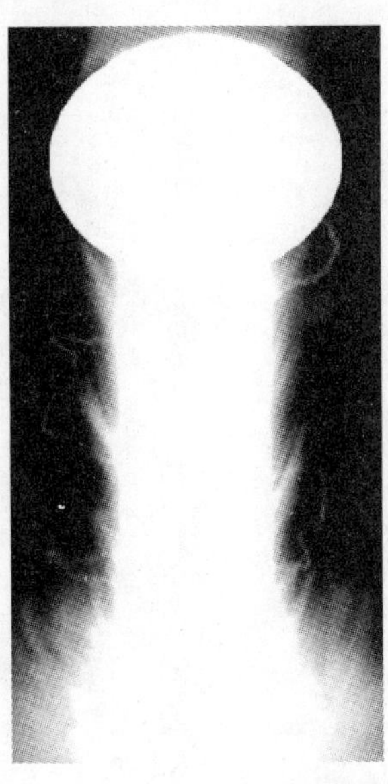

वस्तुतः सूर्यदेव ज्योतिर्मय परमदेव का प्रकट सगुण रूप (आकार) हैं, तो अग्निदेव का अग्निमय रूप (शरीर) परमात्मा प्राप्ति की ज्योतिर्मय सड़क है। जिस प्रकार धरती मरणधर्मा मानवों की जन्मभूमि है, ठीक उसी प्रकार अग्नि रूपी धरा ही दिव्य सिद्धों की जन्मभूमि है। वस्तुतः सूर्य-योग एवं अग्नि-योग साधनाओं के द्वारा दिव्य महापुरुष योगाग्नि को प्रचण्ड करके अग्निरूप ही बनकर अग्न्याकाश में विचरण करते हैं। जिस प्रकार जल द्वारा स्नान करने से शरीर का मैल दूर होता है, शरीर गीला होता है। उसी प्रकार अग्नि-योग करने से अथवा अग्नि का स्नान

करने से शरीर ही नहीं प्राण, इन्द्रिय तथा मन के मल भी दग्ध होते हैं। साथ ही साथ सम्पूर्ण शरीर योगाग्निमय बनता हुआ व्याधियों से ही नहीं, जरावस्था से भी मुक्ति प्राप्त करने का रास्ता ढूँढ लेता है। अग्नि-स्नान के द्वारा योगाग्निमय शरीर बनाने की प्रक्रिया जानने के लिए सर्वप्रथम अग्नि का वास्तविक स्वरूप क्या है अथवा अग्नि किसे कहते हैं, यह जानना आवश्यक है। अतः अब हम अग्नि के स्वरूप की चर्चा करेंगे।

अग्नि का स्वरूप

अग्नि के स्वरूप की धारणा करने से पूर्व हमें अग्नि शब्द के अर्थ की धारणा करनी होगी, क्योंकि किसी शब्द के लक्ष्यार्थ को धारण करने के लिए भी यही उचित होगा कि पहले उसके भावार्थ को समझ लिया जाये।

अग्नि शब्द का अर्थ

'अङ्ग्ति ऊर्ध्वं गच्छति', अङ्ग्+नि, न लोपश्च = 'अग्नि अर्थात् जो निरन्तर ऊर्ध्वगमन करे, उसे अग्नि कहते हैं।' अथवा विशेष रूप से **'अञ्चु गतिपूजनयोः'** इस धातु से अग्नि शब्द सिद्ध होता है। गति के तीन अर्थ हैं- ज्ञान, गमन, प्राप्ति तथा पूजा का अर्थ है- सत्कार। इस प्रकार **'योञ्चति अच्यतेऽगत्यङ्गत्येति वा सोऽयमग्निः।'** अर्थात् जो ज्ञानस्वरूप हो या जिससे ज्ञान की प्राप्ति हो अथवा जिससे ज्ञानप्राप्ति का रास्ता खुलता हो या जो स्वयं ज्ञानपथ हो; ऐसे पूजा के योग्य तत्त्व का

नाम है 'अग्नि'। इस प्रकार 'अग्नि' नाम परमदेव परमेश्वर की प्राप्ति के ऊर्ध्वमुखी द्वार का है अथवा लक्ष्यार्थ से साधना और साध्य के अभेद की स्थिति में 'स्वयं' परमेश्वर का भी है ही।

अग्नि का आधिदैविक स्वरूप

अग्नि के स्वरूप का वर्णन करते हुए वेदों के ऋषि अग्निदेव की इस प्रकार स्तुति करते हैं:

'ॐ अग्निमीले पुरोहितं यज्ञस्य देवमृत्विजम्।
होतारं रत्नधातमम्॥'

–ऋग्वेद

अर्थात् ऋषि कहते हैं 'मैं समक्ष स्थित (पुरोहितं) यज्ञ के देव को (यज्ञस्यदेवम्) वसन्त आदि ऋतुओं से मिले हुए (ऋत्विजम्) हवन के साधनों से (होतारं) समस्त रत्नों को देने वाले (रत्नधातमम्) परमात्मदेव (अग्नि) की स्तुति करता हूँ।'

अग्नि के प्रायः तीन प्रकट रूप हैं– (1) पृथ्वी की स्थूल अग्नि, (2) अन्तरिक्ष की विद्युतरूप अग्नि, तथा (3) स्वर्गलोक की सूर्यरूप अग्नि। वस्तुतः ये सभी परमदेव के ही प्रकट रूप हैं।

(1) अग्नि का पहला विशेषण 'पुरोहितम्' : सर्वव्यापी अग्नि पृथ्वी की अग्नि के रूप में तो हमारे सामने स्थित है। इसी अग्नि से समस्त औषधियों, अन्न, वनस्पतियों आदि की उत्पत्ति होती है। जल के भीतर भी यही अग्नि विद्यमान है। यज्ञ करते समय लकड़ियों में सर्वप्रथम इसी अग्नि को प्रज्वलित करके, अपने मन की वृत्तियों को इसमें जोड़कर अन्तरिक्ष की अग्नि तक चेतना का उत्थान किया जाता है। अग्नि के इस प्रकट रूप को मन्त्र में 'पुरोहितम्' कहा गया है अथवा जिस प्रकार पुरोहित राजा का कल्याण करता है, उसी प्रकार अग्नि भी अग्निसाधक को कल्याण (सुषुम्ना) पथ से जोड़ती है।

(2) अग्नि का दूसरा विशेषण 'ऋत्विजम्' : वसन्त, पतझड़, ग्रीष्म, वर्षा, शिशिर, शरद इन समस्त ऋतुओं में सूर्यमण्डल और पृथ्वी के मेल

से उत्पन्न हुई अग्नि व्याप्त रहती है। इस अग्नि की न्यूनाधिक मात्रा के आधार पर ही ऋतु परिवर्तन होता है।

(3) अग्नि का तीसरा विशेषण 'यज्ञस्य देवम्' : सभी यज्ञों के अधिष्ठातृ देवता भी अग्नि ही हैं। यज्ञ का अति सरलार्थ है, सर्वव्यापी तथा घट-घटवासी परमात्मा के निमित्त द्रव्य पदार्थों को अर्पण करना।

यज्ञ की सुन्दरता यही है कि जब कोई वस्तु सचमुच परमात्मा तक पहुँचती है, तो वह अनन्त गुणा होकर यज्ञ करने वाले को वापस मिल जाती है। दूसरे शब्दों में यह भी कह सकते हैं कि निष्काम-कर्मपूर्वक त्याग करने को ही 'यज्ञ' कहते हैं। सारी सृष्टि में जाने-अनजाने यज्ञ हो रहे हैं। बीज का धरती में रोपण 'यज्ञ' है। समुद्र जल का अन्तरिक्ष में गमन 'यज्ञ' है। अन्न-जल का जठराग्नि में हवन करना 'यज्ञ' है। पुरुष के वीर्य का स्त्री की योनि में सिंचन यज्ञ है। प्रत्येक निष्काम-कर्म 'यज्ञ' है। बिना यज्ञ के सृष्टि का विस्तार सम्भव ही नहीं।

जिस देवशक्ति के माध्यम से यह 'यज्ञ' सिद्ध होता है, वह देवशक्ति है- अग्नि। 'यज्ञस्य देवम्' में यही गूढ़ार्थ छिपा है। अनेक यज्ञ सृष्टि में सहज भाव से निरन्तर हो रहे हैं तथा अनेक यज्ञों को एक मनुष्य भी विधि-विधान पूर्वक स्वयं कर सकता है। आवश्यकता मुख्य रूप से यह है कि किसी भी यज्ञ को करने से पहले अग्नि प्रज्वलित करके उसके साथ सीधा सम्बन्ध स्थापित किया जाये। इस प्रकार से सीधा सम्बन्ध स्थापित करने की क्रिया का नाम ही है- 'अग्नि-क्रियायोग'। उपर्युक्त मन्त्र में अग्नि का अगला विशेषण इसी अर्थ को स्पष्ट करता है।

(4) अग्नि का अगला विशेषण है 'होतारम्' : इसका सीधा अर्थ है, होम अथवा यज्ञ करने की साधना। ह्वाता अर्थात् देवताओं को बुलाने वाला, इससे 'होता' शब्द बना है। देवताओं को बुलाने वाला स्वयं अग्नि ही है। जब तक यज्ञकर्ता में अग्नि की ज्वालाओं का प्रवेश नहीं होता, तब तक उसके द्वारा उच्चारित मन्त्रों में इतनी शक्ति नहीं आ पाती कि वह देवताओं को बुला सके। 'अग्नि-क्रियायोग' के द्वारा ही यज्ञकर्ता सही अर्थों में 'होता' अर्थात् देवताओं को आह्वान करने वाला बनता है।

(5) उपर्युक्त मन्त्र में अग्नि का आखिरी विशेषण है 'रत्नधातमम्':- इसका अर्थ है– रत्नों का धारण या पोषण करने वाला अथवा देने वाला। जितने भी सुवर्ण, मणि, रत्न आदि पदार्थ पृथ्वी में उत्पन्न होते हैं, उनका मूल कारण पार्थिव अग्नि है। जहाँ-जहाँ पर धरती में जल तथा पृथ्वी के अणुओं में अग्नि के तेजोमय अणुओं का विशेष प्रवेश होता है, वहाँ रत्नों की उत्पत्ति होती है।

इस प्रकार इस वेद मन्त्र के द्वारा अग्निदेव के आधिदैविक स्वरूप (ब्रह्माण्ड में व्याप्त अग्नि) का वर्णन किया गया है।

यद्यपि शास्त्रों में अग्नि तथा अग्निहोत्र सम्बन्धी सूत्रों की विशेष प्रचुरता है, किन्तु उनकी चर्चा करना यहाँ अप्रासंगिक होगा। हमारी चर्चा का विषय तो है, 'अग्नि-क्रियायोग' अर्थात् क्रिया-योग की साधना के द्वारा प्रज्वलित अग्नि के साथ योग स्थापित करके शरीर के अन्दर ही उत्तरोत्तर सूक्ष्म तथा व्यापक होते हुए अग्नि के स्वरूप की धारणा तथा ध्यान करना। ध्यान रहे कि अग्निहोत्र आदि दूसरी साधनाओं से इसका कोई विरोध नहीं है। यह तो वस्तुत: उन्हीं सनातन सिद्धान्तों पर आधारित साधना है, किन्तु इसमें कर्मकाण्डात्मक प्रक्रियाओं की अपेक्षा अग्नि से सम्बन्ध जोड़कर अन्तर्चेतना के उत्थान पर अधिक बल दिया जाता है।

चेतना के विकास के स्तर अथवा आकाश

जब तक प्राणी की चेतना स्थूल-शरीर में बँधी है और वह अपने आपको हड्डी-माँस का शरीर ही समझता है, तब तक उसकी दृष्टि भी सीमित रहती है। उसकी दृष्टि सामने ही देख सकती है; नीचे, पीछे तथा ऊपर नहीं देख सकती है। दायें-बायें भी पूरा नहीं देख सकती है। स्वभावत: उसकी दृष्टि एक ही समय में सब ओर नहीं देख सकती, किन्तु जैसे-जैसे उसकी चेतना का विकास होता है और उसकी चेतना स्थूल-शरीर, इन्द्रिय तथा मन आदि से ऊपर उठती है, तो उसकी दृष्टि भी व्यापक होती जाती है।

चेतना के इस अनन्त विकास-क्रम का ऋषियों ने साधना की विभिन्न पद्धतियों के अनुसार अनेक प्रकार से वर्णन किया है। एक क्रम है विभिन्न आकाशों के वर्णन के द्वारा। इसके अनुसार **उत्तरोत्तर व्यापक**

होते हुए पाँच लक्ष्य अथवा आकाश हैं, जिनमें स्थिति होने से साधक की चेतना एक ही समय पिण्ड और ब्रह्माण्ड दोनों में व्याप्त होती है।

क्रमपूर्वक इन पाँच महाकाशों में अपनी चेतना का विस्तार करने में समर्थ साधक अतिमहायोगी बनता है। वह ईश्वरतुल्य होकर सृष्टि की उत्पत्ति, स्थिति और संहार का अधिकारी पुरुष बनता है। जगद्‌गुरु बनकर साधकों का उद्धारक बनता है। यह पाँच आकाश क्रमशः इस प्रकार हैं:- (1) भूताकाश, (2) परमाकाश, (3) अग्न्याकाश, (4) तत्त्वाकाश, तथा (5) सूर्याकाश। अद्वयतारकोपनिषद् में इन पाँच आकाशों का बड़ा ही स्पष्ट वर्णन है।

(1) भूताकाश : सर्वप्रथम यही धारणा करनी होगी कि आकाश क्या है। आकाश एक 'शून्य' तत्त्व है। यह जो हमारे सामने आकाश दिखायी दे रहा है, इसमें चाहे जितने भी ऊँचे से ऊँचे मकान बनाते चले जायें, यह कभी नहीं भरता। जो यह शून्य आकाश हमारे सामने है, जिसमें यह सारी सृष्टि है, जिसे हम सूर्य के प्रकाश में आँखों के द्वारा देखते हैं; यही भूताकाश है।

(2) परमाकाश : यह वह आकाश है, जिसका अनुभव तब होता है, जब सूर्य का प्रकाश नहीं होता। अन्धेरे में भी दिखायी देने वाले चाँद-तारे आदि इसी परमाकाश के भीतर हैं। किन्तु इस परमाकाश के पदार्थों के साथ सम्बन्ध तभी होता है, जब आँखें बन्द करने पर भी देखने की शक्ति हमारे अन्दर जग जाये। परमाकाश के एक अंश में ही भूताकाश विद्यमान है। दूरदर्शन, दूरश्रवण आदि सिद्धियाँ इसी परमाकाश में स्थिति के परिणामस्वरूप प्राप्त हो सकती हैं।

(3) अग्न्याकाश : अद्वयतारकोपनिषद् में इसका वर्णन इस प्रकार से किया गया है:-

'कालानल समद्योतमानं महाकाशं भवति'

अर्थात् 'काल की अग्नि के समान प्रकाशमान जो महाकाश है, वह ही अग्न्याकाश है।' इस तेजोमयी महाकाश में प्रवेश के समय सभी जड़ता और मल का संहार हो जाता है। यह अग्न्याकाश यद्यपि भूताकाश

और परमाकाश में भी व्याप्त है तथापि जहाँ यह पूर्णरूप में प्रकाशित है, वहाँ तो दिव्य योगी या देवता ही निवास कर सकते हैं।

मानवशरीर के अन्दर इसका स्थान सुषुम्नापथ है। सुषुम्ना जब पूरी खुलती है, तब यह अग्निपथ भी पूरा प्रकाशित हो उठता है। भूताकाश में यह अग्न्याकाश धरती के आवरण से ढका हुआ विद्यमान है।

(4) तत्त्वाकाश : यह सर्वोत्कृष्ट प्रकाशरूप और प्रखर ज्योतिर्मय आकाश है। यहाँ पर अज्ञानरूपी अन्धकार का अस्तित्व नहीं है। इसमें स्थित होने से जीव को आत्मबोध होता है।

(5) सूर्याकाश : यह आकाश करोड़ों सूर्यों के सदृश है। सूर्यों का भी सूर्य परमदेव इस आकाश में प्रकाशित होता है।

इन सभी आकाशों में भूताकाश ही सबसे निचला स्तर है। उत्तरोत्तर व्यापक होते हुए ये आकाश एक-दूसरे से आवृत्त होते जाते हैं। जैसे सूर्य से उठे बादल सूर्य को ही ढक लेते हैं, वैसे ही सूर्याकाश को तत्त्वाकाश ने आवृत्त किया है। यहाँ पर ध्यान रखने वाली बात है कि सूर्याकाश का एक देश तो तत्त्वाकाश से आवृत्त है, किन्तु अधिक देश तत्त्वाकाश से परे भी है। इसी प्रकार अन्य आकाशों की स्थिति जाननी चाहिए।

अग्न्याकाश मध्यवर्ती आकाश है। यह जीव चेतना के विकास का एक महत्त्वपूर्ण पड़ाव अथवा कड़ी है। जिस किसी की चेतना इस आकाश को लाँघ जाती है या इसमें प्रवेश भी कर जाती है, वह कालराज्य से परे चला जाता है। अग्न्याकाश में प्रवेश करके वह कालग्रस्त जड़ता से मुक्त हो जाता है।

अग्न्याकाश में प्रवेश के द्वार

इस आकाश में प्रवेश करने के या इस आकाश में विचरण करने वाले सिद्धों तथा देवताओं से सम्बन्ध जोड़ने के सात द्वार हैं। उपनिषद् वाणी में इन द्वारों का, अग्नि की सात जिह्वाओं के रूप में बड़ा ही सुन्दर वर्णन किया है:-

काली कराली च मनोजवा च। सुलोहिता या य सुधूम्रवर्णा।
स्फुलिङ्गिनी विश्वरूची च देवी। लेलायमाना इति सप्तजिह्वाः।

(मुण्डकोपनिषद्-1/2/4)

काली (काले रंग वाली), कराली (अत्यन्त उग्र), मनोजवा (मन की सी गति वाली), सुलोहिता (सुन्दर लाल रंग वाली), सुधूम्रवर्णा (सुन्दर धुएँ के सदृश रंग वाली), स्फुलिंङ्गिनी (चिंगारियों वाली), और विश्वरूची देवी (सब ओर प्रकाशित ज्योतिर्मयी), इस प्रकार ये सात प्रकार की लपलपाती हुई अग्नि की जिह्वाएँ हैं।

जिस प्रकार मनुष्य शरीर के अन्दर प्रवेश करने के नौ दरवाजे हैं (सात मस्तक में और दो नीचे) इसी प्रकार अग्निदेव के भीतर प्रवेश करने के भी दरवाजे हैं, किन्तु इनकी संख्या नौ न होकर सात ही है। मनुष्य शरीर के निचले दो द्वार विशेष रूप से शरीर के मल को ही बाहर निकालने के काम आते हैं। इन द्वारों से पूरा मल निकाल सकने की क्षमता अर्जित करने के बाद ही इनका उपयोग चेतना के आरोहण हेतु किया जाना सम्भव है। परन्तु अग्नि तो अपने आप में ही पूर्ण शुद्ध और ज्योतिर्मयी है; उसमें तो शक्ति का ऊर्ध्वगमन सहज भाव से ही होता है। इसलिए उसमें मनुष्य शरीर से सम्बन्धित निचले दो द्वारों का कोई अस्तित्त्व न होने के कारण सात द्वार ही बचते हैं।

अग्नि की सात जिह्वाएँ ही सात द्वार

जिस प्रकार मनुष्य का शरीर है, उसी प्रकार अग्निदेव का भी शरीर है; किन्तु अग्निदेव का शरीर तेजोमय है, जड़ता तथा मल से रहित है। मनुष्य शरीर की भाँति यह लम्बाई, चौड़ाई, ऊँचाई की निश्चित सीमाओं में बँधा हुआ भी नहीं है। इतना होते हुए भी वह एक शरीर ही है। इस ज्योतिर्मय शरीर में अग्निदेव

का वास है। अग्निदेव का स्थूल शरीर ज्योतिर्मयी लपटों का बना हुआ है। जिस प्रकार एक महायोगी भी कायव्यूह के द्वारा एक ही समय में अपने को अनेक रूपों में प्रकट कर सकता है, परमात्मा तो अपने को अनेक रूपों में प्रकट करता ही है, इसी प्रकार अग्निदेव भी एक ही समय में अपने को अनेक रूपों में प्रकट करते रहते हैं।

अग्निर्यथैको भुवनं प्रविष्टो रूपं रूपं प्रतिरूपो बभूव॥

–कठोपनिषद्

'जिस प्रकार एक ही अग्नि सम्पूर्ण भुवन (लोक) में प्रविष्ट हुआ प्रत्येक रूप (नाना आकारों) के अनुरूप प्रकट होता है।' यह उपनिषद् वाक्य भी इस तथ्य को प्रमाणित करता है। वस्तुतः अग्नि का सूक्ष्म शरीर तो और भी अधिक व्यापक है तथा पृथ्वीलोक से लेकर सूर्यमण्डल तक व्याप्त है।

जिस प्रकार एक मानव अपने इन्द्रिय छिद्रों के द्वारा अन्यान्य मनुष्यों के साथ सम्बन्ध जोड़ता है, व्यवहार करता है। उसी प्रकार अग्नि की सप्त जिह्वाएँ भी अन्यान्य देवताओं के साथ सम्बन्ध जोड़ने का द्वार हैं। वेदवाणी में अनेक स्थलों पर अग्नि को देवताओं का मुख कहा गया है।

'अग्निर्वै देवानां मुखम्' (गोपथ ब्रा.)

'अग्निर्हि देवानां होता तस्मादाहाग्निर्देवो दैव्यो होता' (शतपथ ब्रा.)

अग्नि ही देवताओं को बुलाने वाला है, इसलिए अग्नि को देवताओं का हितैषी कहा गया है। जब कुण्ड में अग्नि जाग्रत हो जाती है, तब यज्ञकर्ता साधक अग्नि में आहुतियों के माध्यम से अपनी भावनाओं, प्रार्थनाओं का समर्पण करता है। **साधक की समर्पित भावना के अनुरूप ही अग्नि की भिन्न-भिन्न जिह्वाएँ उस आहुति को लेने के लिए आगे आती हैं। इसी कारण अग्निसाधना करते समय अग्नि की ज्वालाओं के रंग बदलते रहते हैं।**

अग्नि की विभिन्न रंगों की ज्वालाओं में विभिन्न शक्तितरंगें प्रवाहित रहती हैं। मुख्य रूप से तो सात ही शक्ति-तरंगे हैं, किन्तु आगे चलकर इन एक-एक शक्ति-तरंग से हजार-हजार तरंगें निकलती हैं और सारे

ब्रह्माण्ड में व्याप्त हो जाती हैं। बाहर इन सप्त शक्तिधाराओं का सम्बन्ध सारे ब्रह्माण्ड से तथा शरीर के अन्दर सातों चक्रों से सीधा जुड़ता है। **'जो ब्रह्माण्डे सोई पिण्डे'** का साधना-सूत्र इस अग्नि-साधना में भी पूरी तरह लागू होता है।

अग्नि के शरीर का वर्णन

अग्नि के शरीर वर्णन करते हुए 'वन दुर्गाकल्प' में कहा गया है:-

यत्र काष्ठं तत्र श्रोत्रे यत्र धूमस्तु नासिके।
यत्राल्प ज्वलनं नेत्रं यत्र भस्मं तु तच्छिरः।
यत्र य ज्वलितो वह्निस्तत्रं जिह्वा प्रकीर्तिता।

जहाँ लकड़ी है, वहाँ अग्नि के कान कहे गये हैं; जहाँ धुँआ है, वहाँ अग्नि की नासिका कही गयी है; जहाँ अग्नि कम जलती है, वहाँ अग्नि के नेत्र और जहाँ अग्नि ज्वालायुक्त है, वहाँ अग्नि की जिह्वा कही गयी है।

यज्ञकर्ता को अग्नि के आँख, कान, नासिका आदि में आहुति न डालकर, अग्नि की जिह्वा अर्थात् लपटों में ही आहुति डालनी चाहिए।

शारदा तिलक में इसे और स्पष्ट करते हुए इस प्रकार से कहा गया है:-

अग्निर्ज्वालायते यत्र शुद्ध स्फटिक सन्निभः।
तन्मुखं तस्य विज्ञेयं चतुरङ्गुलमानतः॥

जहाँ शुद्ध स्फटिक के तुल्य अग्नि ज्वालायुक्त है, वहाँ नाप से 4 अंगुल का वह अग्निमुख जानना चाहिए। इस अग्निमुख में ही आहुति डालनी चाहिए।

अग्नि का आध्यात्मिक स्वरूप

अभी तक ब्रह्माण्ड में व्याप्त अग्नि के (आधिदैविक) स्वरूप का थोड़ा परिचय दिया गया है, किन्तु 'अग्नि-क्रियायोग' की साधना के लिए शरीर के अन्तर्वर्ती (अन्तर में स्थित) अग्नि का परिचय होना भी आवश्यक है। यह ही अग्नि का आध्यात्मिक स्वरूप है।

मानवशरीर की रचना अत्यन्त क्लिष्ट है। परमतत्त्व से लेकर शरीर की मरणधर्मा स्थूलता तथा जड़ता तक व्याप्त, देखने में $3^1/_2$ हाथ परिमाण का यह शरीर अनेक ग्रन्थियों, जालों तथा सूक्ष्म रहस्यों से भरा पड़ा है। जहाँ आधिदैविक अग्नि सारे ब्रह्माण्ड में व्याप्त होती हुई सीधे ही परमदेव के साथ एकात्मभाव से स्थित है, वहाँ आध्यात्मिक अग्नि के लिए ऐसा नहीं है। शरीर के अन्तर स्थित अग्नि और परमदेव के मध्य अज्ञानरूपी शक्ति का आवरक पर्दा पड़ा हुआ है।

मानवशरीर में पृथ्वी और जल तत्त्वों की प्रधानता होने के कारण भी यहाँ अग्निदेव मानवशरीर में आधिदैविक अग्नि के समान पूर्ण प्रकाशित नहीं हैं। वे इन जड़ तत्त्वों की स्थूलता से आवृत्त हुए ही अपना कार्य करते रहते हैं। अन्तर में तो अज्ञानरूपी आवरण है तथा बाह्य स्तर पर जड़तारूपी आवरण है। इन दोनों के मध्य में अन्दर-बाहर को गतिशील होते हुए अग्निदेव हैं।

ज्ञानेन्द्रियों में नेत्रेन्द्रिय का देवता सूर्य है। सूर्य के अन्दर अग्निदेव विशेष रूप से उपस्थित रहते हैं। कर्मेन्द्रियों में वाणी का देवता अग्नि है। अग्नि तत्त्व के सात्त्विक अंश से नेत्रेन्द्रिय की उत्पत्ति होती है। अग्नि तत्त्व के राजस अंश से हस्तेन्द्रिय की उत्पत्ति होती है।

इस प्रकार हम देखते हैं कि आँखों में, जिह्वा की गतिविधि में तथा हाथों में अग्नि की विशेष क्रियाशीलता रहती है। इन तीनों का ही 'अग्नि-क्रियायोग' की साधना में विशेष योगदान रहता है। यद्यपि सामान्यतया यही माना जाता है कि अग्नि का वास हमारे शरीर के नाभिकुण्ड में है, किन्तु वह तो मात्र अग्नि का एक ही रूप (जठराग्नि) है, वस्तुतः अग्नि ही वह माध्यम है, जिसके द्वारा पिण्ड और ब्रह्माण्ड अथवा जीव और परमात्मदेव का सम्बन्ध स्थापित होता है। 'अग्नि-क्रियायोग' के द्वारा यह जठराग्नि ही प्रचण्ड अन्तर्मुखी वेग धारण करके योगाग्नि में बदल जाती है और जीव के आध्यात्मिक उत्थान का कारण बनती है।

शरीर में स्थित अग्नि स्थूल स्तर पर इस मायिक जगत् से और सूक्ष्म स्तर पर पिण्ड का ब्रह्माण्ड से सम्बन्ध जोड़ने का कार्य तो करती ही है, इसके अतिरिक्त अन्नादि पचाने का काम भी अग्नि ही करती है–

अहं वैश्वानरो भूत्वा प्राणिनां देहमाश्रितः।
प्राणापान समायुक्तः पचाम्यन्नं चतुर्विधम्॥

(श्रीमद्भगवद्गीता)

भगवान् कहते हैं, 'मैं ही सब प्राणियों के शरीर में स्थित रहने वाला, प्राण और अपान की (विरुद्ध) गतियों के संयोग में वैश्वानर अग्नि के रूप में प्रकट होकर चार प्रकार के (रोटी आदि चबाये जाने वाले 'भक्ष्य', दूधादि निगले जाने वाले 'भोज्य', चटनी आदि चाटे जाने वाले 'लेह्य', तथा गन्ना आदि चूसे जाने वाले 'चोष्य') अन्न को पचाता हूँ।'

विश्वमयी वैश्वानर अग्नि का शरीर में स्थान

इस मन्त्र में विशेष ध्यान देने वाला तथ्य यह है कि वैश्वानर अग्नि के शरीर में रहने का स्थान कहाँ है? यह है प्राण और अपान रूपी दो विरुद्ध

गतियों का सन्धिस्थल। जितनी गहराई में और जितना स्पष्ट यह सन्धिस्थल होगा, उतनी ही व्यापक और प्रचण्ड यह अग्नि होगी। आयु बढ़ने के साथ जैसे-जैसे प्राण और अपान की दूरी बढ़ती जाती है, यह अग्नि मन्द होती जाती है। वस्तुतः प्राण और अपान के सम्बन्ध का टूट जाना ही मृत्यु है। उस समय प्राण शक्ति का गमनागमन शरीर में खत्म हो जाता है, श्वास के आने-जाने का क्रम नष्ट हो जाता है। श्वास का अन्दर न जा पाना ही तो मृत्यु है।

श्वास की इन विरुद्ध गतियों में से शक्ति और अमृत से भरपूर वायु का नाम प्राण है; इसकी गति ऊपर के मुख, नासिका, नेत्र एवं कर्ण इन्द्रिय छिद्रों से भीतर की ओर है। इसके द्वारा शरीर का पोषण होता है। दूसरी ओर गुदा एवं उपस्थ से बाहर की ओर जा रही वायु का नाम अपान है; यह शरीर के मल-मूत्रादि अपशिष्ट पदार्थ को बाहर निकालती है। श्वास लेने और छोड़ने के साथ प्राण व अपान का सीधा सम्बन्ध है। श्वास को अन्दर खींचने का काम प्राणशक्ति करती है तथा बाहर निकालने का काम अपानशक्ति के बल पर होता है।

विशेष रहस्य की बात यहाँ पर यह है कि शरीर के श्वास भरने और छोड़ने के स्थान एक ही नहीं है, बल्कि दोनों स्थानों में दो अंगुल का अन्तर है। **'प्रवेश तु दशभिः प्रोक्तः निर्गमे द्वादशांगुले'**- (स्वरशास्त्र) अर्थात् सामान्य स्वस्थ व्यक्ति में श्वास खींचने का पथ दश अंगुल तथा छोड़ने का पथ बारह अंगुल है। श्वास खींचने का काम नाक के अग्रभाग से होता है और छोड़ने का काम नाक के दो अंगुल अन्दर गले से। मुख्यतः इस दो अंगुल की सहज स्वाभाविक दूरी के कारण ही शरीर में मल संचित होता रहता है। इसी के परिणामस्वरूप अग्नि मन्द होती है। यह मन्दाग्नि और अधिक मल के संचित होने को कारण बनती है तथा इस दुष्चक्र के कारण श्वास-प्रश्वास की दूरी और अधिक बढ़ती जाती है। इसकी अन्तिम परिणति है, मृत्यु। प्रश्न तो यह है कि यह दो अंगुल की सहज दूरी है ही क्यों, जिसके कारण इस दुष्चक्र की शुरुआत होती है? इसका कारण है मानवी शरीरों में पृथ्वी और जल तत्त्वों की प्रधानता और अग्नि-वायु तत्त्वों का इनके अधीन होना।

मानवशरीर की रचना ही इस प्रकार है कि सामान्य रूप से इसमें सभी इन्द्रिय छिद्र बाहर को ही खुलते हैं। यद्यपि इनसे शरीर के भीतर को भी रास्ता जाता है, किन्तु जड़ता तथा स्थूलता के कारण वह बन्द रहता है। साथ ही विषयाभिमुखी वृत्ति के कारण चेतना का शरीर के भीतर से वेग कम होता जाता है। मुख अथवा नाक के दो अंगुल अन्दर से ही श्वास के बाहर निकलने का वेग कम होना शुरू होने के कारण सम्पूर्ण शरीर का ही नहीं, बल्कि इन्द्रिय छिद्रों का भी पूरा मल बाहर निकल नहीं पाता तथा नासा के अग्रभाग में से ही वायु का आकर्षण होने के कारण शरीर के गहरे अन्दर तक श्वास का पूरा वेग बना नहीं रह पाता। परिणामस्वरूप शरीर में मल संचय अधिक होता है और प्राणशक्ति पूरी प्राप्त नहीं होती।

(यहाँ पर ध्यान रहे कि छोटे बच्चों में, जिनमें अभी इन्द्रिय छिद्र पूरे बने ही नहीं हैं, उनमें श्वास का पूरा वेग बना रहने का कारण यह है कि उनमें श्वास भरने-छोड़ने का केन्द्र नासाग्र तथा कण्ठ नहीं वरन् नाभिमूल होता है। गर्भ के भीतर एक बच्चा नाभि से ही तो श्वास लेता है। जन्म के पश्चात् जब तक उसके इन्द्रिय छिद्र पूरे बन नहीं जाते और उन छिद्रों तक चेतना पूरी जग नहीं जाती, तब तक वे अपने शरीर के अन्दर ही मस्त रहते हैं और बाहर की ओर उनकी चेतना का वेग बहुत कम होता है। यही कारण है कि इतना अल्प आहार लेकर भी उनके शरीर का विकास बहुत तेजी से होता है और उनकी वाणी आदि में अत्यन्त वेग होता है।)

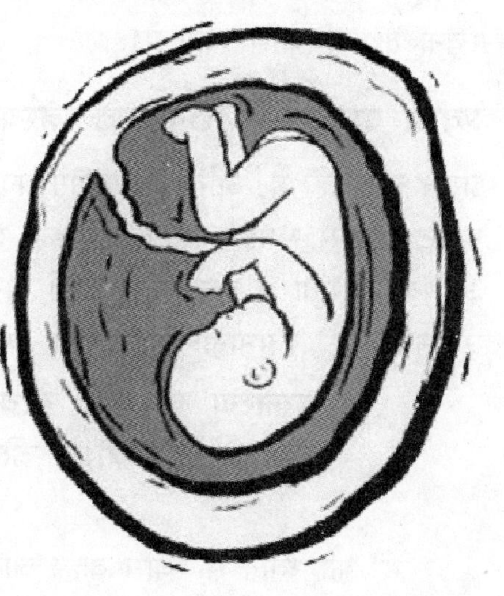

अब मुख्य प्रश्न यह है कि यह श्वास-प्रश्वास (प्राण-अपान) के मध्य इस दो अंगुल की दूरी को कैसे दूर किया जाये, अथवा कम से कम इतना हो कि यह दो अंगुल की दूरी और अधिक बढ़ने तो न पाये। यदि यह दो अंगुल की दूरी खत्म ही हो जाये, तो अग्निदेव के साथ पूरा सम्बन्ध हो सकेगा और परिणामस्वरूप मानवशरीर अग्निमय ही हो जायेगा। ऐसा शरीर देवतुल्य ही नहीं वरन् उससे भी बढ़कर धराधाम में ही मृत्युञ्जयी बनकर विचरण करने योग्य बन जायेगा। अन्यथा कम से कम आधि-व्याधि से मुक्ति का रास्ता तो मिल ही जायेगा।

इसके अनेक साधन हो सकते हैं, किन्तु 'अग्नि-क्रियायोग' तथा 'सूर्य-क्रियायोग' इसके मुख्य साधन हैं। अथवा यह भी कह सकते हैं कि जिस किसी भी जप, तप, ध्यान की साधना में इन दो मुख्य धाराओं का प्रवेश हो जाता है, वह साधना (अग्नि तथा सोम की वृद्धिपूर्वक) विशेष शक्तिसम्पन्न हो जाती है। वेदोक्त सिद्धान्त **'अग्निषोमात्मकं जगत्'** भी स्पष्ट ही करता है कि अग्नि तथा रस से ही इस सृष्टि की रचना तथा विकास होता है।

श्वास-प्रश्वास में छिपा गूढ़ रहस्य

प्रसंग चल रहा है, अग्नि-क्रियायोग का। इसके सिद्धान्त और प्रक्रिया को स्पष्ट रूप से समझने के लिए पहले श्वास-प्रश्वास के रहस्य की और अधिक सूक्ष्मता में जाना जरूरी है। अनेक शास्त्रों और सन्तों की वाणी, उपनिषदों की निम्ननिलिखित वाणी का स्पष्टतः अनुमोदन करती है:-

हंकारेण बहिर्याति सःकारेण विशेत् पुनः।
हंस हंसेति मन्त्रोऽयं जीवो जपति सर्वदा॥

(ध्यानबिन्दु उपनिषद्)

'हं' की ध्वनि से श्वास बाहर जाता है और 'सः' की ध्वनि से पुनः अन्दर आता है। इस प्रकार प्रत्येक जीव सदैव जाने-अनजाने जन्म से लेकर मृत्युपर्यन्त 'हंस' मन्त्र का जप करता ही रहता है। मात्र मानव-शरीरधारी ही नहीं, बल्कि प्रत्येक मरणधर्मा जीव, पशु-पक्षी भी यह जाप करते हैं।

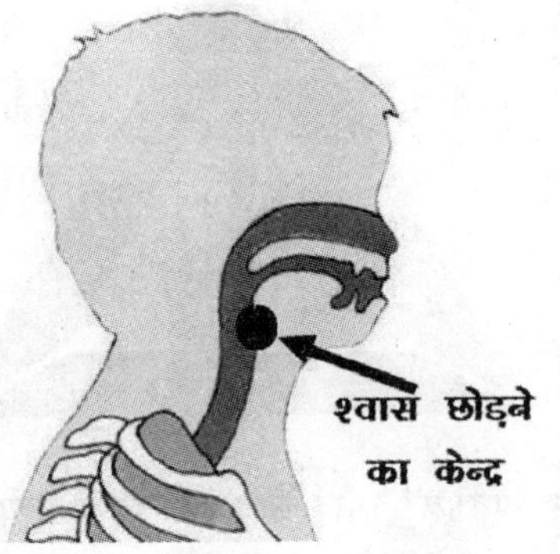

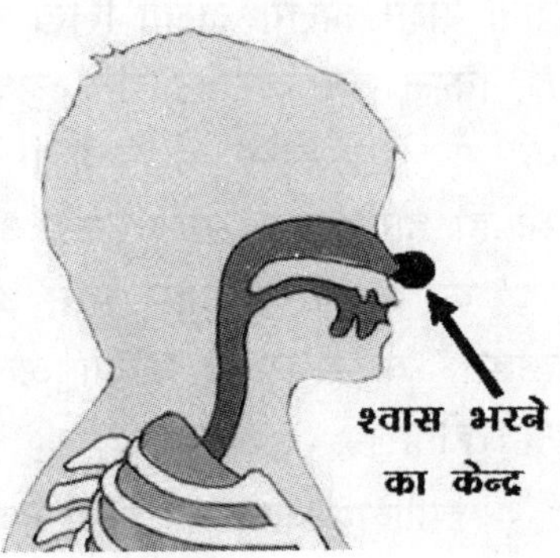

'हं' तथा 'सः' तो श्वास के जाने और आने की स्वाभाविक ध्वनियाँ हैं। गले से ही श्वास का बाहर का रास्ता खुलता है और गले की रचना ही ऐसी है कि बाहर जाता हुआ श्वास जब गले में ठोकर मारता है तब 'हं' की आवाज आती है। इसी प्रकार जब श्वास अन्दर खींचा जाता है, तब प्राणवायु मुख व नासाछिद्रों पर ठोकर मारती है, जिससे 'सः' की आवाज निकलती है। कोई भी व्यक्ति यदि ध्यान से श्वास के आने-जाने की आवाज को सुने, तो उसे 'हंसः' मन्त्र सुनायी देगा।

यहाँ पर यह बात समझ में आ जानी चाहिए कि श्वास के आने और जाने में दो अंगुल का अन्तर होने के कारण मरणधर्मा शरीरों से 'हंस' मन्त्र का उच्चारण होता रहता है।

अब यदि कोई साधक यह दो अंगुल की दूरी का फासला खत्म कर दे, तो कैसी गूँज आयेगी? तब 'हं' के उद्‌गम स्थान कण्ठ से ही 'सः' की आवाज निकलनी शुरू हो जायेगी। श्वास की धारा अन्दर की ओर उलट चुकी होगी और श्वास का वेग मुख एवं नासाछिद्रों की ओर होने की बजाय तालु का भेदन करके मस्तक के अन्दर हो जायेगा।

निस्सन्देह तब 'हं' का स्थान अर्थात् श्वास छोड़ने का स्थान भी पहले वाला न होकर कण्ठ के पीछे तथा नीचे (वस्तुतः मूलाधार में) पहुँच चुका होगा। उस समय जो आवाज पैदा होगी, उसे यदि शब्दों में लिखने या बोलने की कोशिश करके समझना चाहें, तो वह आवाज

‘सोहं’ ही होगी। लिखने में यद्यपि दोनों अक्षर अलग-अलग लिखे गये हैं, किन्तु तब वस्तुतः दोनों अक्षरों की गूँज एक-दूसरे में घुली-मिली सी ही होगी; उस समय ‘सः’ और ‘हं’ का उच्चारण श्वास भरने और छोड़ने के समय में अलग-अलग नहीं होगा।

इसीलिए यह कहा जाता है कि ‘सोऽहं’ कोई जप का मन्त्र नहीं है, यह तो साधना की वह स्थिति है, जब प्राण तथा अपान का मिलन हो जाता है तथा श्वास अन्दर ही अन्दर चलता है। (वैसे यदि कोई साधक ‘सोऽहं’ मन्त्र का जाप करना चाहे, तो यह कोई निषिद्ध मन्त्र भी नहीं है। इसका जाप किया जा सकता है, किन्तु यदि वह यह समझे कि यही एक समाधि का मन्त्र है, जीव और ब्रह्म की एकता का द्योतक है, तो यह उसकी भूल ही होगी।)

श्वास और प्रश्वास की मिलन अवस्था से पैदा हो रही ‘हं’ और ‘सः’ की मिलित गूँज का ही शुद्ध रूप ‘ओऽम्’ यह आदि मूल मन्त्र है। इस समय ‘सः’ और ‘हं’ की सूक्ष्म ध्वनियाँ (जो श्वास की अन्दर ही

अन्दर चल रही धारा की परिचायक हैं) भी ब्रह्मरन्ध्र में लीन हो जाती हैं तथा उस नाद का अनुभव होता है, जिसका कण्ठ, तालु, ओष्ठ आदि किसी भी स्थूल अंग के द्वारा उच्चारण नहीं किया जा सकता। वस्तुतः यह नाद ही अन्य सभी मन्त्रों एवं नादों में अनुस्यूत रहता है। 'ओऽम्' यह एक शब्द नहीं वरन् ब्रह्म का वाचक है **'तस्य वाचकः प्रणवः'**। इसलिए यह वाणी की सीमा में नहीं आ सकता बल्कि वाणी स्वयं इसके आश्रित है।

जिस प्रकार 'ओऽम्' यह नाद सारी सृष्टि के मूल में है, उसी प्रकार जीव के 'हंस' इस मन्त्र के मूल में भी अनजाने ही 'सोहं' की गूँज छिपी रहती है। भले ही 'हं' और 'सः' की गूँज पृथक्-पृथक् है, किन्तु फिर भी यह एक-दूसरे से बिल्कुल ही असम्बद्ध तथा पृथक् नहीं है, यदि ऐसा हो तो जीव की मृत्यु ही हो जाये। एक सूक्ष्म स्तर पर यह दोनों जुड़ी हुई भी हैं। इसी बात को स्पष्ट करती हुई गुरुवाणी कहती है:-

नानक सोहं हंसा जपु जापहु त्रिभवणु तिसै समाहि।

(श्री गुरुग्रन्थ साहिब, पृष्ठ-1092)

सोहं सो जाकऊ है जाप।। जाकऊ लिपत न होइ पुंन अरु पाप।।

(श्री गुरुग्रन्थ साहिब, पृष्ठ-1162)

अर्थात् 'हंस' प्रकट और 'सोहं' गुप्त का जाप सारी सृष्टि (सारे त्रिभुवन में और पशु-पंछी आदि समस्त जीवों) में समाया हुआ है। जिसने इस रहस्य का अनुभव कर लिया, वह मुक्तिलाभ कर लेता है।

'हं' और 'सः' के उच्चारण स्थानों की दो अंगुल की दूरी को दूर करने के दो तरीके हो सकते हैं। (1) 'हं' को 'सः' के उच्चारण स्थान (नासिकाग्र) से उच्चारा जाये अर्थात् कण्ठ की बजाये नासिकाग्र से श्वास बाहर निकाला जाये। (2) 'सः' को 'हं' के उच्चारण स्थान (कण्ठ) से उच्चारा जाये अर्थात् बहुत गहरे अन्दर से श्वास खींचा जाये।

इन दोनों विधियों की सिद्धि के लिए शरीर की समग्र चेतना को भ्रूमध्य के अन्तराकाश में केन्द्रित करना होगा, क्योंकि भ्रूमध्य के अन्तराकाश में ही मुख और नासाछिद्रों की बहिर्धाराओं का ऊर्ध्व मिलन होता है। यदि श्वास और प्रश्वास की गतियों को सीधे मुख और नासा

से बाहर-अन्दर करने की बजाये भ्रूमध्य तक ऊपर उठाकर श्वास भरा-छोड़ा जा सके, तो दो अंगुल की दूरी समाप्त हो जायेगी और अन्दर का रास्ता खुल जायेगा।

चेतना को ऊपर उठाने के लिए आत्म-चिन्तन, कीर्तन, जप, ध्यान आदि अनेक साधन हैं, किन्तु मानवशरीर के पंच तत्त्वों की जड़ता तथा मलिनता से आप्त अधोमुखी प्रवृत्ति में फँसी प्राणी की चेतना बरबस और अनजाने ही नीचे एवं बाहर की ओर गति करने लगती है। अग्नि ही एक ऐसा तत्त्व है, जिसकी स्वाभाविक प्रकृति ऊपर को उठना है। अग्नि के योग से चेतना का सहज ऊर्ध्वमुखी गमन सम्भव है। शास्त्रों में तो यहाँ तक कहा गया है, **'गुरुरग्निर्द्विजातीनाम्'**- (पद्म पुराण) अर्थात् चेतना को अन्तर्मुखी करने में लगे साधकों की (द्विजों की) गुरु तो अग्नि है। लपलपाती ऊर्ध्वमुखी सप्त धारावती विश्वव्यापिनी प्रचण्ड अग्नि को गुरु रूप से धारण करने की क्रिया का नाम ही है, 'अग्नि-क्रियायोग'।

अग्नि-क्रियायोग का मुख्य मन्त्र

इस योग का मुख्य मन्त्र है 'स्वाहा' तथा सहकारी मन्त्र है 'ओऽम्'। साधक के स्तर, अधिकार, श्रद्धा तथा भावना के अनुसार 'ओऽम्' और 'स्वाहा' के मध्य में उच्चारण किये जाने वाले अनेक मन्त्र हैं। शास्त्र वाक्य भी है **'शिख्यादि नाम मन्त्रैस्तु स्वाहान्तै प्रणवादिभिः'** अर्थात् ओंकार है आदि में जिनके और 'स्वाहा' है अन्त में जिनके, ऐसे 'शिखी' आदि नाम मन्त्रों से हवन करना चाहिए। जैसे **'ॐ शिखिने स्वाहा'**, **'ॐ अग्नये स्वाहा'**, **'ॐ सोमाय स्वाहा'** आदि। **'ॐ नमः शिवाय स्वाहा'** अथवा किसी भी मन्त्र के आदि में **'ॐ'** तथा अन्त में **'स्वाहा'** का उच्चारण करते हुए अपने आप को अग्नि में समर्पण करना चाहिए। वैदिक अथवा लौकिक संस्कृत अथवा अन्य भाषा के किसी भी मन्त्र का प्रयोग किया जा सकता है। मुख्य बात है आदि में **'ॐ'** और अन्त में **'स्वाहा'**।

सर्वे मन्त्राः प्रयोक्तव्याः स्वाहान्ता होमकर्मसु॥

(प्रयोग सार)

'अग्नि-योग' में सभी मन्त्रों के अन्त में स्वाहा कहकर उच्चारण करना चाहिए। **प्रचण्ड अग्नि के सम्मुख भाव और श्रद्धा से भरकर हाथों और आँखों की कुछ विशिष्ट क्रियाएँ करते हुए 'ओम् ..... स्वाहा' इस प्रकार मन्त्र का उच्चारण करने से साधक का अग्निदेवमयी ज्योतिर्मय आदिगुरु के साथ सम्बन्ध स्थापित हो जाता है। ज्योतिर्मय गुरु का शिष्य बना साधक ऊर्ध्वपथगामी बन जाता है। अन्धकार से प्रकाश तथा मृत्यु से अमृत की ओर उसकी यात्रा शुरू हो जाती है।**

स्वाहा शब्द का रहस्यार्थ

'हं-सः' यह मन्त्र जीव की मानवशरीर में बद्धता को दर्शाता है। जब तक श्वास-श्वास 'हं-सः' मन्त्र का उच्चारण हो रहा है, तब तक जीव की चेतना शरीर में कैद है। किन्तु जब 'सः' और 'हं' के मध्यवर्ती भवसागर के ऊपर 'व' शब्द के उच्चारण की तरंगों का पुल बना दिया जाता है, तब प्राण और अपान की सन्धि का, श्वास और प्रश्वास के मिलन का रास्ता खुलता है। 'सः+व+ह' को इस प्रकार जोड़कर मुख-नासिका से कण्ठमूल तक शब्द के कम्पनों की गूँज भरी जाती है कि 'स्वाहा' इस अग्नि मन्त्र की उत्पत्ति हो जाती है। 'व' शब्द विशेष है, क्योंकि इसके उच्चारण के द्वारा मुख से कण्ठ तक का पूरा क्षेत्र खुल जाता है। इतना ही नहीं, इसका उच्चारण करने से ही प्राणों का प्रवाह कण्ठ क्षेत्र के अन्दर की ओर अपने आप ही उलटना शुरू हो जाता है। विशेषता तो तब पैदा होती है, जब आँखों से एकटक अग्नि की लपटों को देखते हुए, विशेष हस्तमुद्राओं के द्वारा मन्त्रोच्चारण की समाप्ति पर पूरा मुँह खोलकर 'स्वाहा' इस अग्निमन्त्र की दीर्घ और ऊँचे स्वरों में गर्जना की जाती है। तब अग्नि स्वयं मूर्तिमान होकर मुख-छिद्र के पथ से शरीर के अन्दर प्रवेश कर जाती है। उस समय एक गम्भीर साधक अग्नि का ही भोजन कर रहा होता है। निस्सन्देह यह सूक्ष्म अग्नि भक्षण ही है। जहाँ 'सिद्धामृत सूर्य-क्रियायोग' में साधक आँखों के द्वारा सूर्य किरणों का भोजन करता है, वहाँ 'अग्नि-क्रियायोग' का साधक सूक्ष्म अग्नि को अपना भोजन बनाने की सामर्थ्य अर्जित करता है।

'स्वाहा' यह अग्निमन्त्र मुख, नासिका से कण्ठ क्षेत्र तक बाहर की अग्नि का अन्दर की अग्नि से और अन्दर की अग्नि का बाहर की अग्नि से आदान-प्रदान का द्वार है। जबकि 'ओऽम्' यह नाद अग्निधारा को शरीर के अन्दर सुषुम्नापथ में तथा बाह्यकुण्ड में प्रज्वलित अग्निधारा के सूक्ष्म पथ को सूर्यलोक की सीध में जोड़ता है। ओऽम् तथा स्वाहा के मध्यवर्ती मन्त्रात्मक कम्पन साधक की भावना में दृढ़ता भरते हैं तथा आधि-व्याधि एवं शोक-मोह के जड़ अणुओं को दग्ध करते हैं।

वाणी का देवता अग्नि होने का महत्त्व

वाणी के अतिमन्द, मन्द, मध्य, तार तथा अतितार स्वरों का सीधा सम्बन्ध अग्नि की लपटों से है। अत्यन्त गहरा तथा भारी स्वर अर्थात् अतिमन्द या उससे भी निम्न स्वर मूलाधार को केन्द्र करके उठता है। अति तीव्र तथा बारीक स्वर सहस्रार को केन्द्र करके उठता है। ध्यान रहे, प्रचलित तो तीन ही सप्तक हैं, किन्तु एक महायोगी, जिसके सुषुम्नापथ में अग्नि का प्रवेश हो चुका है, सभी सात चक्रों को पूर्ण कम्पित करने में समर्थ सात सप्तकों में भी वाणी को निनादित करने की शक्ति रखता है।

प्रारम्भिक अग्नि-साधक अनुदात्त, स्वरित तथा उदात्त स्वरों में मन्त्रों का उच्चारण करता है। यहाँ जान लें कि,

(1) निचले स्वर ही अनुदात्त स्वर हैं, इनमें कण्ठ तालु आदि के निम्न भाग विशेष क्रियाशील होते हैं।

(2) मध्यम स्वर स्वरित स्वर हैं, इनका उच्चारण कण्ठ तालु आदि के मध्य भागों से होता है।

(3) उच्च स्वर उदात्त स्वर हैं, इनका उच्चारण कण्ठ तालु आदि के ऊपर के भागों से होता है।

निम्न स्वरों में मन्त्रों का उच्चारण शरीर के निचले अंगों में अग्नि का प्रवेश करवायेगा। मध्यम स्वरों में मन्त्रों का उच्चारण शरीर के मध्य स्थित अंगों में अग्नि का प्रवेश करवायेगा तथा उच्च स्वरों में मन्त्रों का उच्चारण शरीर के ऊपर के अंगों में अग्नि का प्रवेश करवायेगा। एक ही

मन्त्र का तीनों स्वरों में उच्चारण किया जा सकता है। ध्यान रहे, अग्निसाधना करते समय मन्त्रों का उच्चारण स्पष्ट बोलकर ही करना चाहिए तभी बाहर की अग्नि का भीतर से सही सम्बन्ध जुड़ सकेगा।

अग्निसाधना के समय अग्नि के विश्वव्यापी परब्रह्म विषयक स्वरूप के परिचायक मन्त्रों का, प्रचलित गायत्री मन्त्र, सूर्यगायत्री मन्त्र, महामृत्युंजय मन्त्र अथवा किसी प्रार्थनापरक मन्त्र का विभिन्न स्वरों में उच्चारण किया जा सकता है। यह कोई आवश्यक नहीं है कि मन्त्र संस्कृत में ही हों। भाषाविशेष के अथवा विभिन्न धर्मग्रन्थों में पाये जाने वाले मन्त्रों का भी अपनी श्रद्धा और भावना के अनुसार जाप किया जा सकता है। सार तो इतना ही है कि मन्त्र के अन्त में 'स्वाहा' शब्द को जोड़ देना आवश्यक है। प्रारम्भ में यदि 'ओऽम्' का दीर्घ उच्चारण जोड़ दिया जाये तो और भी उत्तम।

अग्नि-क्रियायोग में प्रज्वलित अग्नि सामान्य नहीं

सामान्य रूप से अग्नि तो भोजन पकाने के ही काम आती है, किन्तु अग्नि-साधना के लिए प्रज्वलित की गयी अग्नि पिण्ड तथा ब्रह्माण्डस्थ अग्नि में योग स्थापित करने का द्वार बनती है। रसोई की अग्नि की लपटों को तो पतीला या तवा अपने में शोषित करता जाता है, किन्तु यज्ञ की अग्नि सूक्ष्म रूप होती हुई सूर्यमण्डल तक पहुँचती है। जब इस व्यापक होती हुई अग्नि में मन्त्र की तरंगों का पुट भी लग जाता है, तब यह अग्नि विभिन्न दैवी शक्तियों से सम्बन्ध जोड़ने का माध्यम बन जाती है। प्रकृति की शक्तियों का यज्ञाग्नि के द्वारा पोषण तो होता ही है, किन्तु इतना ही नहीं, एक तपस्वी यज्ञकर्ता तो प्रकृति की शक्तियों को विश्व-कल्याण के कार्यों में संचालित भी कर सकता है। जैसा कि भगवान् ने कहा है-

अन्नाद्भवन्ति भूतानि पर्जन्यादन्नसम्भवः।
यज्ञाद्भवति पर्जन्यो यज्ञः कर्म समुद्भवः॥

(श्रीमद्भागवतगीता-3/14)

'सम्पूर्ण प्राणी अन्न से पैदा होते हैं, अन्न की उत्पत्ति वृष्टि से होती है, वृष्टि यज्ञ से होती है और यज्ञ विहित कर्मों से उत्पन्न होते हैं।'

रसोई की अग्नि तो सब्जी के पतीले के अन्दर लीन होती जाती है और सब्जी पक जाती है, किन्तु अग्निक्रिया में बिल्कुल इसके विपरीत होता है। इसमें तो स्वाहा किये गये द्रव्य पदार्थ (मन की वृत्तियाँ भी) अग्नि में लीन होते जाते हैं और अग्नि व्यापक होती जाती है।

'अग्नि-क्रियायोग' तो अग्नि में की गयी खेती के समान है। जैसे एक किसान धरती में खेती करता है। धरती में बोया गया बीज क्रमशः धरती में लीन होता जाता है और धरती के सार तत्त्वों को अपने में खींचता हुआ वृक्ष बन जाता है, किन्तु धरती की जड़ता के कारण धरती में बोया बीज एक ही स्थल में बँधा रहने के लिए विवश होता है।

जल में भी खेती होती है, किन्तु वहाँ पर एक ही बीज धीरे-धीरे सारे जलाशय में फैल जाता है। यह जल का विशेष गुण है कि एक स्थल में बीज बो दिया, तो जल स्वयं ही उसे आगे से आगे फैलाता जायेगा, लेकिन यह फैलाव सतह पर ही होता है। यदि यह बीज धरती की गहराई में भी प्रवेश करता जाये, तो बीज से बन रहा वृक्ष आकाश की ऊँचाइयाँ छूने की सामर्थ्य भी प्राप्त कर लेगा, परन्तु ऐसा नहीं हो पाता।

धरती में की गयी खेती आकाश की ओर बढ़ती है और जल में की गयी खेती धरातल पर फैल जाती है। जल और धरती दोनों एक-दूसरे के आश्रित हैं। जहाँ जिस तत्त्व की प्रधानता होगी, वहाँ उसके अनुसार खेती का ऊपर की ओर या धरातल पर विस्तार होगा।

अग्नि में भी खेती होती है और यह खेती जल व थल में की गयी खेती से अत्यन्त विलक्षण है। अग्नि में खेती करना ही तो 'अग्नि-क्रियायोग' है।

अग्नि ही पिण्ड और ब्रह्माण्ड को जोड़ने वाली कड़ी

अग्निरूपी खेत धरती से लेकर सूर्यमण्डल तक व्याप्त है। प्रचण्ड की गयी पवित्र अग्नि में विभिन्न समिधाओं, औषधियों, वनस्पतियों के बीज

आदि का अर्पण किया जाता है, किन्तु इन सबसे बढ़कर मनुष्य अपनी मानसिक वृत्तियों, भावनाओं का भी हवन करता है। यह सभी कुछ जो अग्नि में डाला जाता है, वह सूक्ष्म होकर व्यापक होता हुआ सूर्यमण्डल तक गति करता है।

यदि इन ऊपर उठती अग्निमयी तरंगों का सम्बन्ध धरा से टूटने न पाये अर्थात् सम्बन्ध बना ही रहे, तो ऊपर उठती अग्निमयी शुद्ध वृत्तियाँ पृथ्वी-मण्डल से सूर्यमण्डल तक का मार्ग शुद्ध करती जायेंगी। ऐसा होने से पृथ्वी का जल सूर्य-ताप से तप्त होकर आकाश-मण्डल में इतना ऊँचा उठ सकेगा कि वह अपनी सारी मलिनताओं से मुक्त होकर शुद्ध जल के अणुओं का घनीभूत समूह बादल बन जायेगा। जहाँ-जहाँ धरा में पानी का अभाव होगा, वहाँ-वहाँ धराधाम तक निर्मित हुआ शुद्ध पथ, इन बादलों को नीचे खींचकर धरती को वर्षा से सिंचित करता रहेगा। यही है यज्ञ से वर्षा होने का रहस्य।

इसमें विशेष बात यही है कि नीचे से ऊपर उठती हुई अग्निमयी शुद्ध वृत्तियों का ऊपर से नीचे तक अर्थात् धरती के साथ भी निरन्तर सम्बन्ध बना रह सके। ऐसा न हो कि जो कुछ अग्नि में डाला जाये, वह सब कुछ अग्नि में जाकर विलीन ही हो जाये। प्रश्न यह है कि यज्ञ की अग्नि में लकड़ी तो जलकर राख बन जाती है और यज्ञ की अग्नि शान्त हो जाती है; फिर उस अग्नि का धरती के साथ तो सम्बन्ध टूट ही गया, तो अग्नि ऊपर उठती हुई अन्तरिक्ष में विलीन क्यों नहीं हो जायेगी? आखिर अन्तरिक्ष में व्यापक हो रही शुद्ध तरंगों को वापस धरती में लाने का साधन क्या होगा? यदि निरन्तर अग्नि प्रज्वलित ही होती रहे, तो भी यद्यपि नीचे से ऊपर का पथ तो शुद्ध होता रहेगा, किन्तु ऊपर से नीचे की ओर दैवी शक्तियों के आकर्षण का आधार क्या बनेगा?

क्रिया-योग की अग्नि का आधार-कुण्ड

निस्सन्देह उपयुक्त आधार का निर्माण हुए बिना यज्ञ कार्यों की कर्मकाण्डात्मक निर्दोष बहुलता भी सही परिणाम देने में अधूरी ही रहती है। **प्रचण्ड अग्नि का यह आधार ईंट-मिट्टी में बना अग्नि का कुण्ड नहीं**

है, बल्कि सच्चा आधार या कुण्ड तो यज्ञकर्ता का अपना शरीर ही है। यह चेतन अग्नि-कुण्ड स्वयं परमेश्वर द्वारा निर्मित है। इस शरीर में, जो यज्ञ का मुख्य आधार है, अग्नि प्रज्वलित करने की सरल साधना है, 'अग्नि-क्रियायोग'।

बाहर के यज्ञकुण्ड की अग्नि चाहे समय-समय पर बुझ भी जाये, किन्तु शरीरस्थ तपो-तेजमयी पवित्र अग्नि तो सदा ही प्रज्वलित रहेगी। यहाँ तक कि बाहर का कर्मकाण्डात्मक यज्ञ भले ही हो या न हो, आन्तर सूक्ष्म यज्ञ तो उस व्यक्ति की हर क्रिया में सदा ही होता रहेगा। इसलिए यह भी माना जाता है कि मात्र बाहर की अग्नि प्रज्वलित करके किया जाने वाला यज्ञ ही यज्ञ नहीं है; निष्काम कर्म, सेवा, जप-तप आदि भी यज्ञ कार्य ही हैं। हाँ, यह भी पूर्णतः सत्य है कि यदि कोई सच्चा यति, तपी बाह्य अग्नि को भी प्रचण्ड करके आन्तर अग्नि के योग से विधिपूर्वक यज्ञ करता है, तो उसका फल विशेष होगा।

सारांश यह है कि यज्ञ से भी अधिक महत्त्व यज्ञकर्ता का है। अग्नि प्रज्वलित करने से अधिक महत्त्व क्रियायोग के द्वारा अग्नि से सम्बन्ध स्थापित करने का है। अग्नियोग का अर्थ है कि शरीरस्थ मूलाधार के नाभिरूपी अग्नि-कुण्ड में जितनी ऊँची लपटें योगमयी अग्नि की उठेंगी, उतनी ही अधिक बाह्यकुण्ड में प्रज्वलित हो रही ज्वालाओं की पहुँच (ऐसे योगी के यज्ञ करने से) व्यापक अन्तरिक्ष तक हो सकेगी। यदि किसी पुरुष में मूलाधार से उठती अग्नि सहस्रारस्थ चन्द्रमण्डल तक पहुँच कर अमृत रस का स्राव करने में समर्थ बन जाती है, तो ऐसे पुरुष के द्वारा किया गया कर्मकाण्डात्मक यज्ञ भी समष्टि

जल के अणुओं को अन्तरिक्ष में अत्यन्त ऊपर उठाकर वर्षा बरसाने का विशेष साधन बन जायेगा।

सामान्य अग्नि एवं क्रियायोग की अग्नि में एक और अन्तर

सामान्यतः रसोई की अग्नि को पंखे के द्वारा, धौंकनी के द्वारा या हाथों के द्वारा प्रज्वलित किया जाता है, किन्तु एक क्रियायोगी कुण्ड की अग्नि को इन बाह्य साधनों के द्वारा प्रज्वलित न करके, मुख से ही प्रज्वलित करता है। इस विषय में शास्त्रवाक्य स्पष्ट कहते हैं:-

न कुर्यादग्निधमनं पाणिशूर्पादिभिः क्वचित्।
मुखेनैव धमेदग्निं यतो वेदा विनिःसृता॥

(कात्यायन स्मृति)

अर्थात् 'यज्ञ की अग्नि को हाथ, पंखे आदि से कभी प्रज्वलित न करें, अपितु मुख से ही प्रज्वलित करें; क्योंकि मुख से वेदों का प्रादुर्भाव हुआ है।'

मुँह से श्वास को धौंकनी की तरह भरते-छोड़ते हुए अग्नि को प्रचण्ड करने से शरीर के अन्दर स्थित अग्नि तथा कुण्ड में स्थित अग्नि का परस्पर आदान-प्रदान भी होगा। बाह्य अग्नि के योग से आन्तर अग्नि और आन्तर अग्नि के योग से बाह्य अग्नि प्रज्वलित होगी। अन्दर श्वास खींचने से अग्नि की बिखरी हुई तथा सुप्त पड़ी ज्वालाएँ इकट्ठी होकर मुँह को केन्द्र करेंगी तथा श्वास छोड़ते हुए अग्नि प्रज्वलित होती जायेगी। साथ ही गला भी कफ आदि दोषों से रहित होगा तथा मन्त्रोच्चारण शुद्ध होगा। मन्त्र के कम्पन अतिमन्द्र तथा अतितार सप्तकों (नाभिमूल से सहस्त्रार) तक गति कर सकेंगे।

आयुर्वेद की स्पष्ट घोषणा है **'धर्मार्थकाममोक्षाणामारोग्यं मूलमुत्तमम्'** (1/15) अर्थात् धर्म, अर्थ, काम तथा मोक्ष इस चतुर्विध पुरुषार्थ के साधन का 'आरोग्य' ही श्रेष्ठ कारण है। निश्चित ही आरोग्य एक महान् सुख तथा जीवमात्र की मूलभूत आवश्यकता है, पर इसकी प्राप्ति जरा-व्याधिग्रस्त मानवशरीर में अत्यन्त दुर्लभ है।

यह एक विकट प्रश्न है कि आखिर मानवशरीर रोगी क्यों होता है? देवताओं के शरीर रोगी नहीं होते। पशु-पंछियों के शरीर भी प्रायः रोगी नहीं होते। हाँ, जब वे रोगी होते हैं, तब इसका मुख्य कारण होता है मनुष्यों का संग। जबकि मानवशरीर प्रायः रोगी होते ही हैं। अँगुलियों पर गिने जा सकने वाले ही व्यक्ति ऐसे होंगे, जिन्हें सारी उम्र कोई रोग नहीं हुआ हो।

एक ओर तो शास्त्र एवं सन्त ये घोषणाएँ करते हैं कि मनुष्य शरीर पशु-पंछी आदि चौरासी लाख योनियों में सर्वोत्तम है, देवताओं के लिए भी दुर्लभ है। दूसरी ओर मानवशरीर में ही रोगों की, दुखों की बहुलता है। ऐसा क्यों है? जितनी अधिक औषधियों की, अस्पतालों की, डाक्टरों

की वृद्धि होती जा रही है, रोग उससे भी अधिक मात्रा में क्यों बढ़ रहे हैं? मनुष्यशरीर की रचना में ऐसा क्या है, जिसके कारण इन शरीरों पर अन्यान्य शरीरों की अपेक्षा रोगों का हमला अधिक होता है? और इतना होने पर भी देवता लोग अपने जरा-व्याधि रहित शरीरों से भी बढ़कर जरा-व्याधि के आश्रयी मानवशरीरों को प्राप्त करने के लिए क्यों लालायित रहते हैं?

मानवशरीर परमात्मा का मन्दिर ही है

शरीर की रचना के प्रसंग में हम पहले ही यह स्पष्ट कर दें कि किसी भी शरीर के अन्दर (मानवशरीर के अन्दर तो विशेष रूप से) परमात्मा विद्यमान है। इसके अन्दर एक ऐसा विशेष केन्द्र (ब्रह्मरन्ध्र) भी है, जहाँ परमात्मा पूर्णरूप से प्रकट है, जबकि बाकी सारे शरीर में सामान्य रूप से। वर्तमान चिकित्सा-विधियों और सनातन आयुर्वेद में यही तो मुख्य भेद है। जहाँ वर्तमान मेडिकल पुस्तकों में कहीं भी यह वर्णन नहीं है कि शरीर के अन्दर कोई ऐसी शक्ति 'चेतना' भी विद्यमान है, जो खान-पान या वायु के आश्रित नहीं है, बल्कि सारे शरीर की गतिविधियाँ उसी के आश्रित हैं, वहाँ आयुर्वेद में उस आत्मतत्त्व का स्पष्ट वर्णन है, जिससे शरीर की खान-पान आदि गतिविधियाँ संचालित होती हैं।

यद्यपि अधिकांश डाक्टर परमात्मा के अस्तित्त्व में तो पूरा विश्वास रखते हैं, किन्तु परमात्मा नाम्नी वह चेतना-शक्ति शरीर के अन्दर रहती हुई, शरीर की समस्त गतिविधियों का संचालन तथा नियन्त्रण कैसे करती है, इस महाविज्ञान की अभी उन्हें जानकारी नहीं है। यह सच है कि अनजाने ही मेडिकल साइंस की खोज भी इस महाविज्ञान की दिशा में ही चल रही है, किन्तु अभी उसके लिए बहुत लम्बी यात्रा शेष रहती है। डाक्टर-वैज्ञानिक यह तो मानने लगे हैं कि मानसिक उथल-पुथल और तनाव अनेक शारीरिक रोगों का कारण है, किन्तु उन्हें यह जानना अभी शेष है कि मानसिक तनाव होता क्यों है और उसका स्थायी इलाज क्या है?

इसी प्रश्न के उत्तर की खोज में अनेकानेक आध्यात्मिक विधियाँ नित्य प्रकाश में आ रही हैं और उनके आधार पर विज्ञान जगत् भी नित नवीन प्रयोग कर रहा है। निश्चित ही उन सूक्ष्म पहलुओं को जाने बिना मानवशरीर को स्वस्थ बना सकना कठिन ही नहीं, असम्भव भी होगा। अतः आइए, आध्यात्मिक दृष्टिकोण से मानवशरीर की रचना पर विचार करें।

मानवशरीर रचना का आध्यात्मिक विज्ञान

मानव–शरीररूपी पिण्ड विशाल ब्रह्माण्ड का ही एक अंश है। जिन तत्त्वों से ब्रह्माण्ड निर्मित है, उन्हीं तत्त्वों से शरीर भी निर्मित है। यहाँ ध्यान रहे, यह शरीर ब्रह्माण्ड का उस प्रकार का अंश नहीं है, जिस प्रकार एक मकान का अंश ईंट होती है या समुद्र का अंश एक बूँद। वस्तुतः यह अंश उस प्रकार का है, जैसे एक वृक्ष का अंश होता है– फल। जिस प्रकार फल के अन्दर समस्त वृक्ष भी समाया होता है, उसी प्रकार मानवी पिण्ड में ब्रह्माण्ड भी समाया हुआ है। जिस प्रकार ब्रह्माण्ड परमात्मा का शरीर है, उसी प्रकार पिण्ड भी परमात्मा का शरीर तो है ही, साथ ही परमात्मा के अंश रूप जीव के रहने का स्थान भी है। मानवशरीरों की रचना का आध्यात्मिक विज्ञान अत्यन्त सूक्ष्म और विस्तृत है। प्रस्तुत प्रसंग में उसकी विशेष चर्चा करना तो सम्भव नहीं है। यहाँ तो उसके संकेत मात्र ही दिये जा सकते हैं।

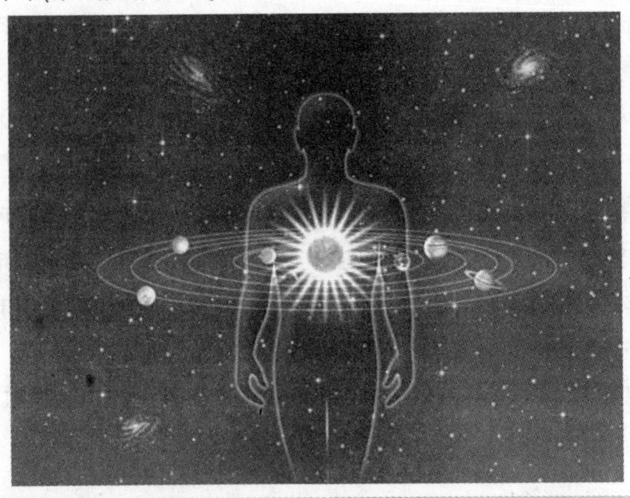

शास्त्रों का थोड़ा भी अध्ययन करने वाले जानते हैं कि सभी शरीर पृथ्वी, जल, तेज, वायु और आकाश – इन पाँच तत्त्वों के स्थूल एवं सूक्ष्म अणुओं तथा सत्त्व, रज, तम इन तीन गुणों के परस्पर मिलन से निर्मित होते हैं। पाँच तत्त्वों और तीन गुणों के मूल में है– सच्चिदानन्द आत्मा। यह आत्मा ही इन सभी का कारण भी है।

हम समझ सकते हैं कि मानवशरीर स्थूल ही नहीं, सूक्ष्म भी है। शरीर का जो अंश नेत्रादि इन्द्रियों के द्वारा अनुभव में आता है, वह स्थूल शरीर है। इन्द्रिय, प्राण, मन तथा बुद्धि आदि ये सभी सूक्ष्म शरीर के अंग हैं, इनका अनुभव नेत्रादि इन्द्रियों के द्वारा सम्भव नहीं है। स्थूल तथा सूक्ष्म स्तर पर भी ये सभी अंग परस्पर इस प्रकार घुले-मिले रहते हैं, जैसे– लकड़ी में अग्नि, तिलों में तेल या दूध के अन्दर घी। इन सभी के मिलित स्वरूप को ही शरीर की संज्ञा दी जाती है।

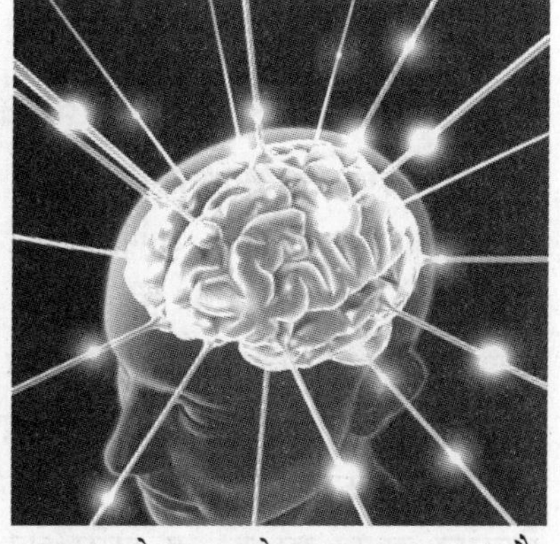

मानवशरीर में दस छिद्र हैं, जिनके द्वारा पिण्ड और ब्रह्माण्ड का परस्पर सम्बन्ध बनता है तथा तत्त्वों का आदान-प्रदान होता है। यह छिद्र हैं- दो आँख, दो कान, दो नासाछिद्र, मुँह, गुदा, उपस्थ और दसवाँ छिद्र गुप्त है। यह मस्तक के अन्दर है और इसे प्रायः दशम द्वार कहते हैं। यद्यपि स्थूल रूप में तो यह बन्द ही है, किन्तु फिर भी सूक्ष्म रूप से यह थोड़ा-बहुत खुला है।

मुख द्वार से अन्न-जल के द्वारा विशेष रूप से पृथ्वी-जल को, दो नासा छिद्रों के द्वारा विशेष रूप से वायु को, आँखों के द्वारा अग्नि के प्रकाश अणुओं को, कानों के द्वारा आकाश से सम्बन्धित शब्द के अणुओं को शरीर के अन्दर खींचा जाता है। इसके अतिरिक्त सभी छिद्रों के द्वारा सामान्य रूप से बाकी तत्त्वों का आकर्षण भी होता है, क्योंकि प्रत्येक स्थूल तत्त्व के आधे भाग में उस तत्त्व विशेष के तथा शेष आधे भाग में बाकी के चार तत्त्वों के अणु भी विद्यमान रहते हैं।

यहाँ पर अब हम मानवशरीर की एक अद्‌भुत विशेषता का वर्णन करने जा रहे हैं, जो कि पृथ्वीलोक में प्रकट हुआ बड़ा से बड़ा ईश्वरीय चमत्कार है। इन्द्रिय छिद्रों द्वारा शरीर के अन्दर खींचे गये अन्न, जल, तेज, वायु के रूप में पृथ्वी, जल आदि पाँच तत्त्वों से पहले रस, रस से रक्त, रक्त से मांस, मांस से मेद (चर्बी), मेद से अस्थि, अस्थि से मज्जा, मज्जा से वीर्य की क्रमशः उत्पत्ति होती है।

रसाद्रक्तं ततो मांसं मासान्मेदः प्रजायते।
मेदसोऽस्थि ततो मज्जा मज्जायाः शुक्र सम्भवः॥

(सुश्रुत)

रस से वीर्य तक सात धातुओं के तेज को 'ओज' कहते हैं और यह सारे शरीर में व्याप्त होता है। वीर्य के नष्ट होने से ओज नष्ट हो जाता है। इन सात धातुओं के सूक्ष्म अंशों से मन, प्राण तथा वाणी की उत्पत्ति होती है।

मानवशरीर की एक महती विलक्षणता

यह एक बड़ा चमत्कार है कि किस प्रकार पाँच तत्त्वों से रस, रक्त आदि धातुओं तथा मन, प्राण, वाणी की उत्पत्ति होती है। लेकिन हमें इससे भी पहले यह समझना होगा कि पाँचों तत्त्वों का शरीर के अन्दर आकर्षण होता किस प्रकार से है? यदि यह सारा समझ में आ जाये, तो यह समझना भी सरल होगा कि शरीर रोगी और वृद्ध क्यों होता है और क्यों इसे काल का ग्रास बनना पड़ता है, क्योंकि शरीर के रचनाक्रम से विपरीत चलने पर ही तो शरीर का विनाश होगा।

जब तक शरीर के अन्दर जीवात्मा (प्राणी) का निवास है, तब तक ही शरीर के अन्दर वायु, तेज, जल, अन्न आदि पदार्थों का आकर्षण सम्भव है। यदि जीवात्मा ने शरीर छोड़ दिया, तो वायु (कितना ही आक्सीजन पम्प करे) व औषधियों आदि को शरीर के अन्दर नहीं धकेला जा सकता।

एक ओर तो परमात्मा के अंश जीवात्मा की शरीर में उपस्थिति तथा दूसरी ओर शरीर की विशेष रचना, दोनों के कारण पृथ्वी-जल आदि

पाँचों तत्त्वों का शरीर में आकर्षण होता है। सजातीय तत्त्व, सजातीय तत्त्वों की प्रधानता से बनी नाड़ियों में उत्तरोत्तर शरीर के गहरे अन्दर खिंचते चले जाते हैं। अन्न-जल के, वायु के, प्रकाश के अन्दर जाने के अपने-अपने पथ हैं। चिकित्सा-शास्त्र में इन सबकी बड़ी विस्तृत और सूक्ष्म चर्चाएँ हैं, किन्तु यहाँ उनकी चर्चा की कोई आवश्यकता नहीं है।

हमारे लिए तो मुख्य बात यह है कि ये सभी तत्त्व ब्रह्मरन्ध्रस्थ आत्मशक्ति तक पहुँचते-पहुँचते सप्त धातुओं और मन, प्राण, वाणी में क्रमशः रूपान्तरित होते रहते हैं। **इनमें से पृथ्वी और जल की सहज गति नीचे की ओर है। ये अणु अपने बलबूते पर ब्रह्मरन्ध्र की ओर गति नहीं कर सकते। अग्नितत्त्व के अणुओं की ही यह सहज विशेषता है कि ये ऊर्ध्व गति करते हैं। अग्नितत्त्व के योग के कारण ही पृथ्वी और जल के अणु उत्तरोत्तर रूपान्तरित होते हुए ब्रह्मरन्ध्र की ओर गति करते हैं तथा इनका स्थूल अंश मल-मूत्र के रूप में शरीर के निम्नतम छिद्रों गुदा-उपस्थ से होकर शरीर के बाहर निकल जाता है।**

शरीर की शुद्धि एवं शक्ति का आधार है- अग्नि

जितना अधिक किसी में अग्नि तत्त्व होगा, उतना ही अधिक वायु की मात्रा को शरीर के अन्दर खींचने में प्राणी समर्थ होगा। वायु की भरपूर गति पर ही रक्त संचालन आदि आश्रित होता है। यदि शरीर में अग्नितत्त्व की कमी हो गयी, तो फेफड़े पूरे काम नहीं कर सकेंगे। इस प्रकार शरीर रोगी तथा वृद्ध बनने के चक्रिक जाल में उलझता चला जायेगा।

अग्नितत्त्व की प्रबलता से ही प्राणी की वाणी में तेजस्विता पैदा होती है। अध्यात्म-शास्त्र के अनुसार वाणी का देवता (स्वामी) ही अग्नि है। कानों के द्वारा ग्राह्य शब्दों के कम्पन यद्यपि वायु के पथ से कर्ण छिद्रों तक पहुँचते हैं तथापि शरीर के सूक्ष्म स्तरों तक ये तब तक नहीं पहुँच सकते, जब तक शरीर में अग्नि तत्त्व की विशेषता न हो अर्थात् सुने हुए शब्दों के अर्थ की यथार्थ धारणा करने के लिए शरीर में विद्यमान ऊर्ध्वगामी अग्नितत्त्व का अपना विशेष महत्त्व है।

यह समझ लेना चाहिए कि एक ओर तो पृथ्वी और जल के अणु हैं तथा दूसरी ओर हैं, वायु और आकाश के अणु। जहाँ पृथ्वी और जल के अणु शरीर को स्थूलता प्रदान करते हैं, वहाँ वायु और आकाश के अणुओं की विशेषता शरीर के सूक्ष्म अंशों के निर्माण में मुख्य कारण है। पंचम तत्त्व अग्नि ही शरीर के स्थूल और सूक्ष्म अंशों को परस्पर सम्बन्ध बनाये रखने में मुख्य साधन है।

शरीर के अन्दर जमा हो रहे रोगाणुओं को दग्ध करने में अग्नितत्त्व का विशेष योगदान है। जल के द्वारा तो शरीर के मल की ऊपरी पर्तों की ही धुलाई होती है। स्नान के द्वारा शरीर के बाहर की त्वचा तथा सीधे जल के पान या फलों के रस, सूप, शर्बत आदि के सेवन से अन्तड़ियों व नाड़ियों के ऊपरी स्तर पर जमे हुए मल की सफाई हो सकती है। किन्तु **यदि किसी विधि के द्वारा अग्नि-स्नान या अग्नि-पान भी प्राणी कर सके, तो शरीर के अन्दर गहरी पर्तों तक जमे हुए मल की शुद्धि भी सम्भव है। यह विधि है 'अग्नि-क्रियायोग', जो इस ग्रन्थ का मुख्य विषय है।**

रोगों का मुख्य कारण मन्दाग्नि तथा बहिर्मुखता

यह एक सर्वविदित तथ्य है कि अग्नि की मन्दता के कारण अन्नादि का पूरा पाचन सम्भव नहीं। यहाँ पर अन्न के पूरे पाचन से हमारा अभिप्राय है– भोजन का रस, रक्त आदि क्रम से रूपान्तरित होते हुए अन्तिम धातु वीर्य में परिवर्तित हो जाना। यदि अग्नि पूरी प्रचण्ड है, तो शरीर की रस, रक्त, माँस आदि सभी धातुएँ उचित परिमाण में निर्मित होंगी। शरीर बेडौल नहीं होगा। मुख्य रूप से उदर और नितम्ब शरीर के बाकी अंगों के अनुपात में ही होंगे क्योंकि यदि किसी का पेट भारी है, नितम्ब मोटे हैं, तो स्पष्ट रूप से उसके शरीर में माँस और चर्बी की ही मात्रा अधिक है। अस्थि, मज्जा तथा वीर्य तक भोजन का पूरा रूपान्तरण नहीं हो पा रहा। रक्तप्रवाह भी सन्तुलित नहीं है। इस मोटापे का कारण, चाहे वह कुछ भी कहे, वस्तुतः भोजन को पचाने वाली अग्नि की मन्दता ही है।

यद्यपि इसका कारण कोई रोग भी हो सकता है और शरीर की आवश्यकता से अधिक भोजन करना भी।

यह कहना तो बेईमानी ही है कि उम्र बढ़ने से थोड़ा-बहुत पेट तो सभी का बढ़ जाता है। बल्कि कहना तो सही यह है कि उम्र बढ़ने से शरीर को भोजन की आवश्यकता ही कम हो जाती है। अब यह अलग बात है कि हम आवश्यकता से अधिक ही खाते रहते हैं। पेट की अग्नि उतना अधिक भोजन पचा नहीं पाती और फलस्वरूप एक ओर अग्नि मन्द होने लगती है, दूसरी ओर शरीर में अधिक मल संचित होने लगता है, फिर पेट नहीं बढ़ेगा तो और क्या होगा?

अन्न नली से छोटी तथा बड़ी अन्तड़ियों तक भोजन को गति देने में सहायक अंगों की स्वस्थता जिस अग्नि पर निर्भर करती है, उसे ही जठराग्नि का नाम दिया गया है। इन अंगों में अग्नि की विकृति या कमी से भोजन का पूरा पाचन सम्भव नहीं होता। शरीर में रोगों की उत्पत्ति होने लगती है, किन्तु यदि किसी के शरीर में इतनी सामर्थ्य पैदा हो जाये कि वह भोजन पाचन की आवश्यकता से अधिक अग्नि को धारण कर सकता हो, तो उस अग्नि को 'योगाग्नि' का नाम दिया जा सकता है। प्रचण्ड योगाग्नि में तो विपरीत अन्न ही नहीं, विष तक को भी पचा सकने की सामर्थ्य होती है। रोग ही नहीं वृद्धावस्था के अणुओं को भी वह अग्निमय बना सकती है। उपनिषदों में तो यहाँ तक भी कहा गया है **'न तस्य रोगो न जरा न मृत्यु प्राप्तस्य योगाग्निमयं शरीरं'** अर्थात् जब सम्पूर्ण शरीर ही अग्नि से व्याप्त हो जाता है, तब वह शरीर रोग एवं वृद्धावस्था से मुक्त होता हुआ मृत्यु को भी जीत कर मृत्युंजयी बन जाता है। ऐसी स्थिति प्राप्त करने का प्रवेशद्वार है, 'अग्नि-क्रियायोग' तथा सम्बन्धित अन्यान्य साधनाएँ।

रोग और वृद्धावस्था के कारणों में एक कारण जठराग्नि की कमी तो है ही, पर अन्य कारण काम, क्रोध, लोभ आदि मानसिक विकारों की प्रबलता भी है। अब तो आधुनिक चिकित्सा-शास्त्र का ध्यान भी इस ओर जाने लग पड़ा है। आयुर्वेद में तो स्पष्ट ही इस सिद्धान्त की चर्चा है।

शरीरं सत्वसंज्ञं च व्याधीनामाश्रयो मतः॥

(चरक संहिता)

अर्थात् 'शरीर तथा मन दोनों ही रोग के आश्रय माने गये हैं।' दोनों के रोगों का परस्पर सम्बन्ध भी है। यदि सूक्ष्म विचार करके देखा जाये, तो मन की विकृति और बहिर्मुखता ही सभी रोगों का मुख्य कारण है।

रोग तथा मृत्यु का विशद् विज्ञान

ध्यान रहे, सनातन आयुर्वेद के दृष्टिकोण से तो शरीर की वृद्धावस्था भी एक दीर्घ रोग है तथा शरीर की मृत्यु तो सबसे बड़ा रोग है। वृद्धावस्था तथा मानसिक या शारीरिक सभी रोगों के मूल में स्थूलशरीर की मृत्यु का ग्रास बनने की प्रकृति ही मुख्य कारण है।

एक धारणा तो यह है कि रोगों और वृद्धावस्था के कारण शरीर की मृत्यु होती है, परन्तु महायोगियों की धारणा तो यह है कि शरीर में जड़तत्त्वों की प्रधानता तथा अग्नितत्त्व का जड़तत्त्वों के पराधीन होने के कारण शरीर शनैः-शनैः मृत्यु का ग्रास बनता जाता है। वस्तुतः शरीर के मृत्यु का ग्रास बनने की इस प्रक्रिया में विभिन्न रोग तथा वृद्धावस्था की उत्पत्ति होती है।

किन्तु शरीर मृत्यु का ग्रास क्यों बनता है, जबकि शरीर के भीतर वह परमात्म सत्ता मौजूद है, जो अकाल मूर्ति, कालातीत सत्यस्वरूप है?

इसके दो कारण हैं:- (1) जीव तथा परमात्म-तत्त्व के बीच पड़ा हुआ माया शक्ति का आवरणात्मक पर्दा, (2) अग्नितत्त्व में इतनी प्रचण्डता का न होना कि वह शरीर की अधोगामिनी (विषयों की ओर गति कर रही) प्रकृति को ऊर्ध्वमुखी करके परमात्म-तत्त्व के साथ सीधा सम्बन्ध जोड़ सके। इन कारणों से ही काम, क्रोध, शोक आदि मानसिक रोगों की उत्पत्ति भी होती है।

यद्यपि जीवात्मा 'परमात्मा' का ही अंश है और उसकी चेतना सारे शरीर में व्याप्त है तथापि जीवात्मा और परमात्मा के बीच माया का पर्दा पड़ा रहने के कारण परमात्मा की शक्ति तथा चैतन्यता का पूरा प्रकाश जीव पर नहीं पड़ता, बल्कि शरीर के बहिर्मुखी तत्त्वों की पराधीनता तथा

अग्नितत्त्व की मन्दता के कारण परमात्मीय चैतन्यता के विरोधी भावों की उत्पत्ति उसमें होने लगती है। इन विरोधी भावों को ही हम मानसिक रोग कहते हैं।

वेदान्त के प्रसिद्ध ग्रन्थों में इन मानसिक रोगों की उत्पत्ति का स्पष्ट वर्णन है। 'शोक, काम, क्रोध, मोह तथा भय' ये सब आकाशतत्त्व की विकृति एवं अधोमुखता के कारण पैदा होते हैं। इस विकृति में कारण माया का पर्दा तथा अग्नितत्त्व का जड़तत्त्वों के पराधीन होना है।

आकाश के अणुओं की अधोगामिनी प्रवृत्ति से 'शोक' की उत्पत्ति होती है। जैसे आकाश शून्य जैसा है, वैसे ही शोक के कारण शरीर शून्य जैसा हो जाता है, कुछ भी नहीं सूझता।

आकाश में वायु की प्रबलता से हुई विकृति से कामना, वासना पैदा होती है। चंचल वायु की तरह तब मन और प्राण चंचल हो जाते हैं।

आकाश में तेज की प्रबलता से हुई विकृति से क्रोध पैदा होता है। तब अग्नि की तरह क्रोध शरीर को जलाने लगता है।

आकाश में जल की प्रबलता से हुई विकृति के कारण 'मोह' पैदा होता है। जल की तरह मोह भी (पुत्रादिकों में) फैलता जाता है।

आकाश में पृथ्वीतत्त्व की प्रबलता से हुई विकृति के कारण 'भय' पैदा होता है। पृथ्वी की तरह 'भय' के कारण शरीर जड़-सा हो जाता है।

इस प्रसंग में यह लिखने की अब अधिक आवश्यकता नहीं है कि इन सभी विकृतियों के मूल में अग्नितत्त्व की मन्दता ही है। ऊर्ध्वगामी अग्नितत्त्व की मन्दता के कारण सभी तत्त्वों की प्रकृति अधोगामिनी बन जाती है।

इन मानसिक विकारों के कारण प्राणी की चेतना का सम्बन्ध परमात्मा की शक्ति और चैतन्यता से टूट-सा जाता है। फलस्वरूप इन्द्रिय छिद्रों से शरीर के अन्दर गति कर रही पृथ्वी आदि तत्त्वों की धारा में अवरोध पैदा होते हैं। इस प्रकार शरीर उत्तरोत्तर जड़ तथा रोगी होता हुआ अन्ततः काल का ग्रास बनता है।

औषधियाँ आदि रोगों के निवारण में कोई बहुत ज्यादा मदद नहीं करतीं। इनसे स्थूलशरीर के स्तर पर ही कुछ लाभ हो सकता है, किन्तु रोगों के मूल कारण को दूर करने में यह असफल ही रहती हैं। फिर यदि औषधियाँ शरीर की सहज प्रकृति के विरुद्ध हों अर्थात् शरीर की रचना का सहज अंग न बन सकती हों और रोगों को दबाने का ही काम करती हों, तब तो धीरे-धीरे ये औषधियाँ ही अन्यान्य रोगों का कारण भी बन जाती हैं। हाँ, ऐसी औषधियाँ जो शरीर में आत्मसात् हो सकती हों, वह कुछ हद तक रोगों को दूर करने में मदद कर सकती हैं, जैसे कि कई आयुर्वेदीय जड़ी-बूटियाँ।

आरोग्य का सर्वोत्तम साधन है, अग्नि-क्रियायोग

महायोगियों की तो यह धारणा है कि **जीव और परमात्मा के बीच पड़ा माया का पर्दा तथा स्थूल भोजन वृद्धावस्था का कारण है और इसके साथ जब मानसिक विकार और विजातीय औषधियों का योग हो जाता है, तब लम्बी जानलेवा बीमारियों की उत्पत्ति होती है।** अब समस्या यही है कि प्राय: किसी भी प्राणी को स्थूल भोजन करना ही पड़ता है, क्योंकि सीधे अग्नि का भोजन नहीं किया जा सकता। सामान्यतया किसी की भी जठराग्नि इतनी प्रचण्ड नहीं होती कि भोजन को पूरा पचा सके। गेहूँ-चावल आदि भोजन को भी सीधे पचा पाना मानवी शरीर की प्रकृति नहीं है। रसोई की अग्नि में पर्याप्त मात्रा में भोजन को पकाने के बाद ही बाकी पचाने का काम जठराग्नि को सौंपा जाता है। हाँ, पशुओं के शरीर में प्राय: जठराग्नि इतनी प्रचण्ड होती है कि उन्हें अपने आहार को बाहर की अग्नि में पकाने की आवश्यकता नहीं होती। इसीलिए पशुओं के शरीर अधिक रोगी भी नहीं होते।

वहीं देवताओं के शरीरों को जड़ तत्त्वों वाले स्थूल आहार की आवश्यकता ही नहीं होती, क्योंकि उनके शरीर तैजस तत्त्वों की प्रधानता वाले होते हैं, इसीलिए देवता न तो रोगी होते हैं और न ही बूढ़े।

जिस प्रकार सीधा ही रसोई की अग्नि में डाला गया अन्न जल जाता है, खाने लायक नहीं रहता, किन्तु अन्न के भीतर उचित मात्रा में प्रविष्ट

अग्नि ही अन्न को पचाने का साधन बनती है, उसी प्रकार शरीर के अन्दर रस, रक्त आदि धातुओं को पकाने व रूपान्तरण करने के लिए भी इन धातुओं के अन्दर उचित मात्रा में अग्नि का प्रवेश होना जरूरी है। मात्र चारों तरफ अग्नि जलाकर बीच में बैठ जाने से ही अग्नि का प्रवेश शरीर के अन्दर नहीं हो जायेगा। 'अग्नि-क्रियायोग' एक विशेष साधना है। इस साधना के द्वारा धीरे-धीरे शरीर की धातुओं में अग्नि का प्रवेश सहज भाव से होने लगता है। ध्यान रहे, अग्नि-क्रियायोग का ठण्ढ को दूर करने के लिए की गयी आग सेंकने से कोई दूर का भी सम्बन्ध नहीं है। **वस्तुतः अग्नि-क्रियायोग एक प्रकार से अग्नि का भोजन अथवा स्नान करना ही है।**

जैसा कि हम पहले ही लिख चुके हैं, अग्नि-क्रियायोग की पूर्णावस्था में तो योगाग्निमय बना शरीर जरा-व्याधि ही नहीं, मृत्यु को भी जीत लेता है। एक सामान्य व्यक्ति चाहे इस पूर्णता को न भी प्राप्त कर सके, किन्तु शरीर को स्वस्थ बनाने की तथा औषधियों से मुक्ति पाने की योग्यता तो अर्जित कर ही सकता है।

अग्नि क्रिया योग रूपरेखा तथा सिद्धान्त

'अग्नि-क्रियायोग' में सबसे मुख्य ध्यान देने वाला तथ्य है कि यह कोई कर्मकाण्डात्मक विधि नहीं है, न ही यह कोई प्रचलित पूजा-पद्धति है। यह तो एक विशेष योग-साधना है, तप-साधना है। अतः सामान्य पुरोहित के मार्गदर्शन में होने वाले यज्ञ-कर्म के विपरीत इस साधना को तो स्वयं ही करना होगा। इस साधना को करने के लिए आपको तपस्वी साधक बनना होगा। प्रत्यक्ष अग्नि से सम्बन्ध जोड़ते हुए स्वयं ही मन्त्रोच्चारण करना होगा; 'ओम, स्वाहा' की पूरी एकाग्रता तथा वेगपूर्वक गर्जनाएँ करनी होंगी।

इस साधना में Proxy नहीं चलेगी; आपके स्थान पर कोई पुरोहित या पण्डित आपके लिए साधना करने का अधिकारी नहीं है। जैसे भोजन प्राणी स्वयं ही करता है, विश्राम प्राणी स्वयं ही करता है, स्नान-ध्यान स्वयं ही करता है; किसी दूसरे के किये गये स्नान, ध्यान, भोजन, विश्राम आदि का आपको कोई लाभ नहीं मिलने वाला। इसी प्रकार 'अग्नि-क्रियायोग' की साधना भी आपको स्वयं ही करनी होगी।

'अग्नि-क्रियायोग' साधना यद्यपि अकेले भी की ही जा सकती है, किन्तु सामान्यतया समूह में इसके लाभ अधिक प्राप्त होते हैं। समूह में न केवल मन्त्रात्मक ऊर्जा में वृद्धि होती है, वरन् एकाग्रता तथा उत्साह

में भी सहज वृद्धि हो जाती है। इस साधना का मूलभूत सिद्धान्त तो श्रद्धापूर्वक अग्नि का भक्षण ही है, किन्तु फिर भी इसके विधि-निषेधों का अवलोकन कर लेना उचित ही है, क्योंकि श्रद्धा और विधि- यह दो अंग मिलकर ही साधना को पूर्णता तक पहुँचा सकते हैं।

अग्नि-क्रियायोग करने का उचित समय

प्राय: सन्ध्या करने का समय ही अग्नि-साधना करने का समय भी है। सन्ध्याकाल प्राय: प्राण-अपान का सन्धिकाल भी माना गया है, अत: इस समय इन दोनों का भेदन करके सुषुम्ना में प्रवेश सहज होता है। काल निर्णय विषयक अनेक प्रमाण शास्त्रों में उपलब्ध हैं:-

उदितेऽनुदिते चैव समयाऽध्युषिते तथा।
सर्वथा वर्तते यज्ञ इतीयं वैदिकी श्रृतिः॥

(मनुस्मृति 2/15)

अर्थात् 'सूर्योदय काल से पूर्व प्रारम्भ करके सूर्य उदय हो जाने तक तथा सूर्य के अदर्शन काल में भी अग्नि-साधना करनी चाहिए।'

यावत्सम्यङ्न भाव्यन्ते नमस्पृक्षाणि सर्वतः।
न च लौहित्यमापैति तावत्सायं च हूयते॥

(कात्यायन स्मृति)

अर्थात् 'जब तक आकाश में चारों ओर तारे भली-भाँति नहीं जगमगाते और सूर्य की लालिमा छायी रहती है, तब तक सायंकाल की अग्नि-साधना करनी चाहिए।'

वस्तुत: जब रात का दिन में और दिन का रात में प्रवेश होता है, तब अग्नि की लपटों को भी स्थूल से सूक्ष्म मण्डलों में प्रवेश करने की सहजता होगी। रात के विश्राम के कारण प्राणी का शरीर हल्का तनावमुक्त रहता है, शरीर में पोषक रसों का संचय हुआ रहता है। ऐसे में सुबह की अग्नि-साधना संचित पोषक रसों को तेज में रूपान्तरित करेगी, शरीर तेजोमयी बनेगा। इसी प्रकार दिन भर के काम-काज के कारण शरीर में जो तोड़फोड़ होती रहती है, शाम की अग्नि-साधना इस तोड़फोड़ को दग्ध करके शरीर हल्का कर देगी और इसी कारण गहरी नींद भी आयेगी।

अग्निक्रिया के पूरे क्रम को करने में लगभग 45-60 मिनट लग ही जाते हैं, अतः तदनुसार समय को थोड़ा-बहुत आगे-पीछे किया जा सकता है। प्रारम्भ में सप्ताह में एक अथवा अधिकाधिक दो बार करना ही पर्याप्त होता है। जब नियमित अभ्यास के द्वारा योगाग्नि जाग्रत होने लगे, तो हम अधिक बार भी कर सकते हैं। ध्यान रहे, तूफान, आँधी, जोरदार वर्षा आदि के समय अग्नि-क्रियायोग नहीं करना चाहिए। इन समयों में मन्त्रों की ध्वनियाँ विकृत हो जाती हैं तथा अग्नि ज्वालाएँ भी ऊर्ध्वमुखी नहीं बनी रह पातीं।

अग्नि-क्रियायोग के लिए आवश्यक पदार्थ

अब तक की चर्चा से स्पष्ट ही है कि 'अग्नि-क्रियायोग' में सर्वाधिक महत्त्व अग्नि के साथ सम्बन्ध का ही है। अतः साधना में मुख्य ध्यान तो इसी बात का रखना है कि अग्नि पूरी प्रचण्ड हो तथा उसके साथ हमारा सीधा सम्बन्ध बना रहे। समस्त सामग्री इन बातों को ध्यान में रखते हुए ही जुटायी जानी चाहिए।

1. लकड़ी तथा कर्पूर

कोई भी वृक्ष जिसकी छाया में आप बैठ सकते हैं, जिसके फल खाये जा सकते हैं, जिसके फूलों को सूँघा जा सकता है, उसकी लकड़ी को अग्नि-साधना में प्रयोग कर सकते हैं। आम, पीपल, वट, शीशम, देवदारु, पलाश, गूलर, बेल, नीम आदि किसी की भी लकड़ी का प्रयोग किया जा सकता है।

किसी भी औषधीय वृक्ष की लकड़ी का साधना में प्रयोग किया जा सकता है। यदि आप किसी रोग विशेष के लिए किसी औषधि का प्रयोग करते हैं और उसकी लकड़ी आपको उपलब्ध है, तो उत्तम होगा कि अग्निक्रिया में आप उस लकड़ी का भी प्रयोग करें। यथा हृदय रोगी और श्वास के रोगी अर्जुन की लकड़ी का प्रयोग कर सकते हैं। इसी प्रकार त्वचा अथवा रक्तदोष से पीड़ित व्यक्ति नीम की लकड़ी का विशेष प्रयोग कर सकते हैं। ज्वर आदि में गिलोय का विशेष प्रयोग हो सकता है।

कभी कोई ऐसी शंका भी कर जाते हैं कि अग्नि-साधना के लिए क्या पवित्र पीपल, वट आदि वृक्ष को काटना उचित है? इस प्रश्न का शास्त्रीय उत्तर तो यह है, **'यज्ञार्थंच्छेदितोऽश्वत्थः सर्वरोग्यप्रदो भवेत्।'**-(पद्म पुराण) अर्थात् यज्ञ कार्य के लिए पीपल वृक्ष को काटने से मनुष्य सब प्रकार के आरोग्य को प्राप्त करता है। यहाँ तक भी कहा गया है कि पीपल वृक्ष के नीचे अग्नि-साधना करने से अक्षय पुण्य की प्राप्ति होती है। गीता में भगवान् श्रीकृष्ण ने कहा है कि वृक्षों में अश्वत्थ मैं हूँ। वस्तुतः इसका सार यह है कि पीपल वृक्ष में जीवनी शक्ति अत्यन्त प्रबल होती है। इसी कारण से यह सामान्य रूप से सभी के लिए आरोग्यवर्धक है।

ध्यान रहे, अग्नि-साधना के लिए कीड़ों से खायी, घुन लगी, काँटों वाली लकड़ी का इस्तेमाल न करें। गीली लकड़ी भी इस्तेमाल न करें। लकड़ी की छाल न उतारें। लकड़ी बहुत मोटी या पतली न हो। लकड़ी ऐसी हो कि वह जल्दी अग्नि पकड़ ले और देर तक जलती भी रहे।

लकड़ियों को कुण्ड में इस प्रकार चिना (सजाया) जाये कि उनके बीच वायु का प्रवेश होता रहे, सीधे ही गट्ठर-सा बनाकर एक-दूसरे के ऊपर न रख दिया जाये। एक ही बार में बहुत सारी लकड़ियाँ न इकट्ठी रख दी जायें, बल्कि आवश्यकतानुसार ही सावधानी और विधि का ध्यान रखते हुए बीच-बीच में लकड़ियाँ लगाते रहें।

अग्नि के प्रज्वलन हेतु सुगन्धित कर्पूर का प्रयोग उत्तम है।

2. सुगन्ध सामग्री

ऐसी सभी जड़ी-बूटी जिनके औषधीय गुण हों, उन्हें अग्नि-साधना में प्रयोग किया जा सकता है, जैसे गिलोय, तुलसी, अश्वगन्धा आदि। किसी रोग के लिए जिस औषधि को खाने का विधान है, उस रोग की निवृत्ति के लिए उसी औषधि को अग्नि-साधना में प्रयोग करने से विशेष लाभ प्राप्त होगा।

जिन द्रव्यों का इस्तेमाल धूप-अगरबत्ती में सुगन्ध लाने के लिए किया जाता है, उनका प्रयोग अग्नि-साधना में भी किया जा सकता है। विभिन्न बीजों को तो अग्नि-साधना में प्रयोग किया जा सकता है, लेकिन

भुने हुए अन्नादि को अग्नि-साधना में प्रयोग नहीं किया जाना चाहिए; क्योंकि भूनने से अन्न की जीवनीशक्ति का तो पहले ही नाश हो चुका होता है। ध्यान रहे, अग्नि-साधना भी एक प्रकार की खेती है। जिन पदार्थों को धरती में बोया जाता है, उन्हीं से अग्नि-साधना भी की जानी चाहिए। सभी पदार्थ शुद्ध हों तथा पुराना होने से अथवा अन्य किसी कारण से उनमें कोई दोष अथवा कीड़े आदि न उत्पन्न हो गये हों, इस बात का विशेष ध्यान रखें।

अग्नि-क्रिया मुख्यतः योग-साधना ही है। इसमें सामग्री का प्रयोजन मात्र वातावरण को सुगन्धित तथा मन को सुवासित करना ही है। इस हेतु एक अथवा दो व्यक्ति बीच-बीच में सुगन्ध वृद्धि के लिए सामग्री की आहुति देते हैं। अतः अधिक सामग्री की आवश्यकता नहीं होती।

अग्नि को प्रचण्ड बनाये रखने के लिए घृत का प्रयोग किया जाता है। गौघृत हो तो सर्वश्रेष्ठ, नहीं तो अन्य शुद्ध घृत अथवा तैलीय पदार्थों का उपयोग भी हो सकता है। इनका उपयोग करने के लिए विशेष प्रकार की लम्बे हाथ वाली कड़छी (स्रुवा) का इस्तेमाल करें। एक सामान्य कड़छी के पीछे भी लम्बी लकड़ी को धागे से बाँधकर काम चलाया जा सकता है। घी भी बार-बार डालने की आवश्यकता नहीं होती, बल्कि आवश्यकतानुसार ही इसका प्रयोग किया जाना चाहिए।

3. अग्नि-कुण्ड

बने बनाये लोहे आदि के कुण्डों के स्थान पर मिट्टी व ईंटों से स्वयं कुण्ड बनाना अधिक अच्छा है। कुण्ड का आकार साधना करने वाले व्यक्तियों की संख्या निर्भर करता है। कोई भी व्यक्ति कुण्ड से इतनी दूर न बैठे कि अग्नि की लपटों का ताप उन तक पूरा पहुँच ही न सके। कुण्ड के इर्द-गिर्द एक या दो पंक्तियों तक बैठे साधक ही अग्नि-साधना का पूरा लाभ ले सकते हैं। अतः यदि व्यक्ति अधिक हों, तो उनके पीछे वाले व्यक्ति चाहें तो खड़े होकर भी साधना कर सकते हैं।

कुण्ड को चतुष्कोण, षट्कोण, अष्टकोण आदि किसी भी आकार का बनाया जा सकता है। अग्नि-साधना के लिए जरूरी नहीं कि चौकोर कुण्ड ही बनाया जाये। अधिक लम्बाई वाले कुण्ड भी बनाये जा सकते

हैं, मुख्य बात यही है कि अधिक से अधिक लोग अग्नि के पूरा समीप तथा सीध में आँखें जोड़ कर बैठ सकें। कुण्ड की गहराई अधिक नहीं होनी चाहिए, जिससे कि लपटें कुण्ड में ही अदृश्य न हो जायें तथा पूरे शरीर को ताप मिलता रहे।

अग्नि-क्रियायोग के आवश्यक अंग

अग्नि-क्रियायोग का सर्वाधिक आवश्यक अंग तो निस्सन्देह अग्नि का सान्निध्य तथा धारणा ही है, किन्तु इसके सहकारी अंगों के रूप में कुछ विशेष हस्त मुद्राओं तथा मन्त्रों का प्रयोग भी किया जाता है। ध्यान यही रखना है कि मुद्रा लगाये हुए और मन्त्रों का सस्वर उच्चारण करते हुए भी नेत्र अपलक अग्नि से सम्बन्ध बनाये ही रखें।

1. अग्नि मुद्रा

(1) अँगूठा, तर्जनी (प्रथम अँगुली) तथा कनिष्ठिका (अन्तिम अँगुली), इन तीनों के सिरों को जोड़कर ऊपर की ओर उठाये रखें। (2) मध्यमा (दूसरी) और अनामिका (तीसरी) अँगुली को सीधे सामने की ओर फैलाये रखें। यह अग्नि मुद्रा है। ध्यान रहे, अँगुलियों में कहीं तनाव न हो।

अँगूठा अग्नि की, तर्जनी वायु की तथा कनिष्ठिका अँगुली शरीर स्थित जल-तत्त्व की धाराओं के अन्तिम सिरे हैं। कुण्ड स्थित अग्नि के सान्निध्य में इन तीनों को ऊपर की ओर मिलाये रखने से शरीरस्थ अधोगामी जलमयी प्राणशक्ति ऊर्ध्वमुखी होकर सारे शरीर में फैलती जायेगी। मध्यमा आकाश की और अनामिका

पृथ्वी तत्त्व की स्थितियों को दर्शाती हैं। इनको मिलाकर सामने की ओर फैलाये रखने से ये ऊर्ध्वमुखी प्राणशक्ति के आधार रूप में काम करेंगी। इस प्रकार **यह अग्नि मुद्रा सारे शरीर को ही एक सूक्ष्म तथा प्रज्वलित अग्निकुण्ड के रूप में प्रस्तुत करती है। अग्नि-क्रिया करते समय यह मुद्रा लगाये ही रखनी है।** यह मुद्रा तब ही छोड़नी है, जब आप इससे भिन्न कोई विशेष मुद्राएँ कर रहे होंगे।

2. अग्नि मन्त्र

अग्नि साधना में हम मुख्य रूप से तीन मन्त्रों का उच्चारण करते हैं- (1) प्रसिद्ध गायत्री मन्त्र, (2) सूर्य गायत्री मन्त्र, (3) मृत्युंजय मन्त्र।

इनमें भी मृत्युंजय मन्त्र ही मुख्य मन्त्र है। इसके अतिरिक्त कोई साधक अपने संस्कारानुसार सिख, जैन, बौद्ध आदि धर्मग्रन्थों में उपलब्ध परमात्मा के स्वरूप विषयक, भक्ति समर्पण विषयक मन्त्रों के द्वारा अग्नि-साधना करना चाहे, तो वह बिल्कुल कर सकता है और 'अग्नि-क्रियायोग' के पूरे फल प्राप्त कर लेगा। उसे केवल मन्त्र के अन्त में 'स्वाहा', इस विशेष अग्नि मन्त्र को जोड़ लेना उचित होगा। मन्त्र के प्रारम्भ में भी 'ओऽम्' का उच्चारण जोड़ा जा सकता है।

(1) गायत्री मन्त्र :- ॐ भूर्भुवः स्वः तत्सवितुर्वरेण्यं भर्गो देवस्य धीमहि धियो यो नः प्रचोदयात् स्वाहा।

भावार्थ- हम तीनों शरीरों तथा तीनों लोकों में व्याप्त उस ज्योतिर्मय परमदेव का ध्यान करते हैं, जिससे सारा विश्व उत्पन्न होता है। वह परमदेव हमारी बुद्धियों को ज्योतिर्पथ पर चलने की प्रेरणा तथा शक्ति दे।

(2) सूर्य गायत्री मन्त्र :- ॐ आदित्याय विद्महे सहस्त्रकिरणाय धीमहि तन्नः सूर्यः प्रचोदयात् स्वाहा।

भावार्थ- 'हम परमदेव सूर्य को जानते हैं (क्योंकि वस्तुतः उनमें और हममें कोई भेद नहीं) उनसे निकल रही हजारों किरणों का ध्यान करते हैं और इन किरणों के पथ से हम उनके साथ सीधा सम्बन्ध जोड़ते हैं। वे सूर्यदेव हमें कल्याण पथ पर चलने की प्रेरणा दें।'

इन दोनों मन्त्रों में अन्धकार से प्रकाश की ओर, अज्ञान से ज्ञान की ओर जाने की प्रार्थना, पथ तथा प्रेरणा का वर्णन है। वस्तुतः प्रकाश-यात्रा के पथ पर आरूढ़ होने के लिए जड़ता तथा संकीर्णता से मुक्त होना जरूरी होता है, इसलिए प्रचण्ड अग्नि के योग में की गयी प्रार्थनाओं में विशेष शक्ति भर जाती है। जहाँ सूर्य की किरणों में प्रखर तेज रहता है, जिसे सीधे धारण करना एक प्रारम्भिक साधक के लिए कठिन होता है, वहाँ अग्निदेव की लपटों में विशेष गर्मी रहती है। ऐसी गर्मी जिसे अग्नि-साधक सहज ही अपने में शोषित कर लेता है। यह अग्नि शरीर में व्याप्त होकर शरीर को निरोग, स्वस्थ और सबल बनाकर प्रकाश पथगामी बनने की योग्यता प्रदान करती है। साथ ही सूर्य की किरणों पर सवार होकर सूर्यमण्डल का भेदन करने के पथ को खोलती है (क्योंकि अग्नि का मूल केन्द्र तो सूर्यमण्डल में ही स्थित है)। इस प्रकार यह **अग्नि-साधना एक प्रकार से सूर्य-साधना की पूरक साधना भी है।**

सीधे ही सूर्य-साधना करने से भी शरीर निरोग, स्वस्थ तथा सबल बनता है, किन्तु थोड़ा अन्तर यही है कि सूर्य-साधना में सूर्य-किरणें विशेष रूप से आँखों के पथ से पहले मस्तक में प्रवेश करती हैं और फिर सारे शरीर में अवतरित होती हैं। जबकि अग्नि-साधना में तेज विशेष रूप से सारे शरीर में व्याप्त होता हुआ ऊपर उठकर मस्तक के केन्द्र को प्रकाशित करता है। इसीलिए अग्नि-साधना में भी सूर्य गायत्री मन्त्र का अपना महत्त्व है।

(3) मृत्युंजय मन्त्र :- ॐ त्र्यम्बकं यजामहे सुगन्धिम् पुष्टि वर्धनम् उर्वारुकमिव बन्धनात् मृत्योर्मुक्षीय माऽमृतात् स्वाहा।

भावार्थ- 'जिनके तीन नेत्र हैं, उन परमगुरु मृत्युंजयी महादेव की हम यज्ञ के द्वारा उपासना करते हैं। सुगन्ध और पोषक रस की वृद्धि करने वाले वे देव हमें इस प्रकार मृत्यु-जाल से मुक्त करके अमृत रस से भरपूर बनायें, जिस प्रकार पका हुआ खीरा/ककड़ी (एक प्रकार का फल) जब पूरा पक जाता है, तो स्वयं ही अपनी बेल से टूट कर अलग हो जाता है। बेल कच्चे फल को ही बाँध सकती है, पके फल को नहीं। इसी प्रकार अमृत रस से परिपूर्ण शरीर को काल रूपी बेल अपने से बाँध नहीं सकेगी।'

साधनापरक अर्थ- जरा, व्याधि तथा मृत्यु से मुक्ति के लिए मृत्युंजयी महादेव से अग्नि के सम्मुख की गयी प्रार्थनापूर्वक उपासना ही इस मन्त्र का साधनापरक अर्थ है। इस प्रकार की गयी उपासना के द्वारा मन्त्र अपने अर्थ में प्रत्यक्ष हो जाता है और तब मन्त्र के शब्द, उसके अर्थ, उसके देवता तथा उपासक में कोई भेद नहीं रहता।

रहस्यार्थ- **'त्र्यम्बकं यजामहे'**:- त्रिनेत्रधारी महादेव का हम यजन करते हैं। तीन नेत्रों की विद्यमानता का अतिशय महत्त्व है। जिसके तीनों नेत्र खुले हैं, उसने मृत्यु को भी जीत लिया है। पशु-पक्षियों में और मानवों में दो ही नेत्र हैं। नेत्र एक ज्ञानेन्द्रिय है, जिसके द्वारा प्राणी संसार

के साथ सम्बन्ध जोड़ता है, पदार्थों को या व्यक्तियों को देख सकता है। नेत्र न हों तो सब कुछ अन्धकारमय है। मनुष्यों के दो ही नेत्र हैं। ये नेत्र केवल सामने की ओर ही खुलते हैं। वस्तुतः ये दो नेत्र मनुष्य के सारे शरीर के नियन्त्रक मस्तिष्क की बाहर की ओर खुल रही दो खिड़कियाँ ही हैं।

तीसरा नेत्र वह है जो दिमाग के केन्द्र से खुलकर दृश्यमान संसार से परे के जगत् से सम्बन्ध जोड़ता है। सामने के दो नेत्रों से तो भौतिक प्रकाश की किरणें अन्दर जाती हैं, किन्तु तीसरे नेत्र के द्वारा उस प्रकाश के साथ सम्बन्ध जुड़ता है, जो समस्त विश्व को प्रकाशित करता है।

सूर्य और चन्द्र का सम्बन्ध दो नेत्रों से है, जबकि तीसरे नेत्र का सम्बन्ध अग्नि से भी है। सामान्यतया पृथ्वी पर सूर्य है तो चन्द्र नहीं, चन्द्र है तो सूर्य नहीं; दिन है तो रात नहीं, रात है तो दिन नहीं। अद्‌भुत बात यह है कि इसी प्रकार मनुष्य के दो नेत्र होते हुए भी एक समय पर एक ही विशेष क्रियाशील होता है तथा दूसरा गौण। एक-एक घण्टे की बारी से दोनों नेत्र क्रमवार क्रियाशील होते रहते हैं; क्योंकि दायाँ नेत्र सूर्यनाड़ी पिंगला के अधीन तथा बायाँ नेत्र चन्द्रनाड़ी इड़ा के अधीन कार्य करता है।

मनुष्यशरीर की प्रकृति ही ऐसी है कि कभी दायाँ स्वर तो कभी बायाँ स्वर, कभी दायाँ हाथ आगे और बायाँ पीछे या कभी दायाँ पैर आगे और बायाँ पीछे, तो कभी इससे उलट। इन्द्रिय छिद्रों से बाहर की ओर गति बारी-बारी से ही होती है। यदि दोनों पैर बिल्कुल एक ही समय ऊपर की ओर उठते जायें, तब तो शरीर धरती की पकड़ से मुक्त हो जायेगा।

यदि दोनों नासाछिद्रों से एक ही समय में सम मात्रा में प्राणवायु का आकर्षण अन्दर की ओर होने लगे, तो प्राणशक्ति का सुषुम्ना (अग्निधारा) में प्रवेश होने लगेगा। यदि दोनों नेत्र एक ही समय पूरे खुले हों, तो चेतना के मस्तक के अन्दर गति करने का संयोग बनता है। जब कभी दोनों नेत्र एक ही समय में अन्दर की ओर पूरे खुलने शुरू हो जायें, तो तीसरे नेत्र को खोलने की प्रक्रिया चालू हो जायेगी।

एक समाधि स्थित योगी का जब अन्दर का नेत्र खुल जाता है, तो बाहर के नेत्रों की पुतलियाँ भी अन्दर तथा ऊपर की ओर उलट जाती हैं; वह बाहर नहीं देख सकता। उसका नासाछिद्रों के द्वारा बाहर से श्वासवायु का खींचा जाना बन्द हो जाता है और प्राणवायु की केवल सुषुम्ना में ही गतिशीलता रहती है। निस्सन्देह ऐसे योगी का जब बाहर से सम्बन्ध टूट गया, तभी उसका परमज्योति के साथ सम्बन्ध जुड़ पाता है।

एक सामान्य व्यक्ति नेत्रों के द्वारा, अन्यान्य इन्द्रियों के द्वारा सामने के सीमित स्थूल विश्व के साथ ही सम्बन्ध जोड़ सकता है, विश्वातीत से अथवा सम्पूर्ण विश्व के साथ नहीं। दूसरी ओर एक समाधि स्थित योगी का विश्व के साथ सम्बन्ध टूट जाता है, बेशक वह परमज्योति में निमग्न हो जाये, किन्तु **जिसके तीनों नेत्र खुले हैं, वह विश्वमय होता हुआ भी विश्वातीत बनता है।** सम्पूर्ण विश्व के साथ अपनी इन्द्रियों से सम्बन्ध जोड़े रखकर भी विश्वातीत बना रहता है। वह खुली आँखों से समाधिस्थ है। ऐसी विलक्षण आँखों की स्थिति ही शाम्भवी मुद्रा कही जाती है। वह ठहरी हुई श्वास की गति में भी चलता-फिरता है, वह नाक से नहीं, सम्पूर्ण रोमकूपों से ही प्राणवायु खींचता है। उसमें सूर्य-चन्द्र और अग्नि इन सभी का मिलन है।

सूर्य और चन्द्र रश्मियों को, पिंगला और इड़ा धाराओं को मिलाने का काम अग्नि का है। तीसरा नेत्र तब खुलता है जब सूर्य-चन्द्र दोनों अग्नि की अन्तर-धारा में लीन होते हैं। तब वह दिन-रात के चक्कर से, श्वास के आने-जाने के चक्कर से मुक्त हो जाता है। **जिसके तीनों नेत्र खुले हैं, वही आदि गुरु मृत्युंजयी अकाल मूर्ति त्र्यम्बकेश्वर महादेव हैं।**

मनुष्य में सुषुम्नामय अग्निपथ बन्द है। इसी कारण वह व्याधि, जरा तथा मरण का ग्रास बनता है। प्रज्वलित अग्नि के सान्निध्य में दोनों नेत्रों को अन्दर और बाहर की ओर पूरा खोलते हुए एक अग्निसाधक उन महादेव से जुड़ने की साधना करता है, जिनमें अग्निपथ पूरा तेजोमय और प्रकाशमय है।

'सुगन्धिं पुष्टिवर्धनम्' :- जहाँ-जहाँ मल इकट्ठा होता है, वहाँ दुर्गन्ध पैदा होती है। अन्तकाल में परमेश्वरी शक्ति तथा जीव के शरीर से बाहर निकलते ही शरीर सड़ने लगता है, दुर्गन्ध के अतिरिक्त वहाँ और कुछ रहता ही नहीं।

मनुष्य के भोजन में मलांश होने के कारण ही इन्द्रिय छिद्रों से मल निकलता रहता है, किन्तु जब इस मल का कुछ अंश शरीर के अन्दर ही संचित होना शुरू हो जाता है, तो शरीर रोगी होने लगता है, शरीर का पूरा पोषण नहीं हो पाता। फलतः शरीर क्षीण होता हुआ काल का ग्रास बन जाता है।

अग्नि एक ऐसा तत्त्व है, जो सभी मलों को पूरा दग्ध कर देता है; चाहे सोना हो या लकड़ी, यह सभी को अग्निमय बना देता है। दुर्गन्ध को दूर करने का साधन है, अग्नि का प्रज्वलन। ऊपर उठती लपट जब महाकाश में लीन होती है, तो रस की उत्पत्ति होती है। यह अमृत रस सुगन्धि प्रदान करता है। मल अधोगामी होता है और सुगन्धित रस ऊर्ध्वगामी।

जिसमें तीसरा नेत्र भी खुला है, उसमें मल संचित नहीं होगा, प्रत्युत सुगन्धित रस का वर्षण होगा। उसका शरीर इस अमृत रस से पोषित होकर जरा, व्याधि तथा मरण से मुक्त हो सकेगा। अग्निमय त्र्यम्बक महादेव से उपासनापूर्वक जुड़ते हुए अग्नि-क्रिया योगी में मल का दग्ध होना तथा पोषक सुगन्धित रस का संचार होना इस अग्नि-साधना का सहज परिणाम ही है।

'उर्वारुकमिव बन्धनात् मृत्योर्मुक्षीय माऽमृतात्' :- मर्त्य पार्थिव शरीर का एक छोर तो पृथ्वी-जलमय अणुओं की धारा में धँसा हुआ है तथा दूसरा उन्नत छोर दिव्य ब्रह्मज्योति की गुफा में खुलता है। मनुष्य की चेतना ऊपर से नीचे तक इस सारे शरीर में व्याप्त है।

यह सारा शरीर अनेक नाड़ी जालों, ग्रन्थियों, चक्करों तथा भँवरों से निर्मित है। जिस प्रकार फल-पाक के लिए बेल की उपयोगिता है; बेल के माध्यम से ही पृथ्वी, जल तथा सूर्य का रस फल को मिलता है, जिससे फल बढ़ता जाता है और अन्ततः पक जाता है। उसी प्रकार जीव के भी ब्रह्ममय मृत्युंजयी बनने के लिए इस मानवशरीर की उपयोगिता है। समस्त सृष्टि का सार सूर्य, चन्द्र और अग्निमय तीन पथों से अनेक नाड़ी जालों को लाँघता हुआ जीव की चेतना का विकास करता है।

धीरे-धीरे जब जीव की सारे शरीर में व्याप्त चेतना अमृतमय सुगन्धित रस से आप्लावित हो उठती है, तब वह जरा-व्याधि-मृत्यु से मुक्त हो जाता है; किन्तु अमृत से नहीं अर्थात् अमृत संचार होता रहता है। अमृत संचार होते रहने का रहस्यार्थ यही है कि उसका शरीर अब मरणधर्मा न बना रहकर दिव्य मृत्युंजयी बन जाता है।

इस मृत्युंजय मन्त्र का व्याहृतियों (**ह्रौं जूं सः आदि**) के साथ भी यदि कोई प्रयोग करना चाहे, तो अवश्य ही कर सकता है। अग्नि-क्रिया योगी जब भाव-भक्तिपूर्ण मन से इस प्रार्थना को करता है, तब भक्तिभाव से खिले हृदय-कमल में तेजोमय स्पन्दनों का प्रवेश होने लगता है और वह सारी गर्मी को आत्मसात् कर लेता है।

ज्येष्ठ मास की गर्मी में भी साधना कर रहे अनेक साधकों का यह अनुभव है कि प्रचण्ड अग्नि के सान्निध्य में यह साधना करते हुए भी उन्हें तनिक भी गर्मी का अनुभव नहीं हुआ; बल्कि एक मस्त करने वाली ठण्ढक का शरीर में प्रवेश पाना अनुभव में आया। कई बार तो यह इच्छा होती थी कि और आगे बढ़ते हुए क्यों न अग्नि में ही प्रवेश कर जायें या फिर सारी अग्नि हममें प्रवेश कर जाये।

पूर्व तैयारी तथा सावधानियाँ

अग्नि-साधना के लिए ऐसे स्थान का चुनाव किया जाये, जहाँ पर हवा का वेग अधिक न हो। यदि कमरे के भीतर साधना कर रहे हैं, तो यह अवश्य ध्यान रखें कि कमरा हवादार हो तथा कमरे की छत अथवा यज्ञ कुण्ड के निकट रखी कोई वस्तु ज्वलनशील न हो।

साधना करते समय सावधानी रखें कि वस्त्र ढीले ही हों। कसे हुए तथा रेशमी, ऊनी अथवा सिन्थेटिक कपड़े जहाँ तक सम्भव हो न पहनें, क्योंकि उनसे गर्मी त्वचा पर एकत्रित होकर जलन पैदा कर सकती है। सिर पर भी कोई वस्त्र न हो और अगर हो तो बहुत पतला। यदि चश्मा लगाते हों, तो साधना से पहले उतार दें। साधना के समय काण्टैक्ट लेंस भी उतार दें।

अग्नि-साधना करने से पहले पेट हल्का हो तो बहुत अच्छा है, किन्तु साधना प्रारम्भ करने से लगभग आधा घण्टा पहले खूब पानी पी लें। प्यास न होने पर भी पानी पी ही लेना चाहिए, लेकिन इतना अधिक भी न पियें कि आपको अग्नि-साधना के बीच में से ही उठना पड़े। यदि पथरी आदि का रोग है, तो अवश्य ही भरपेट इतना पानी पियें कि अग्नि-साधना के तुरन्त बाद आपको लघुशंका (मूत्र विसर्जन) हेतु जाना पड़ जाये। इससे पूरी सम्भावना है कि साधना में शोषित गर्मी से पथरी गलकर मूत्र के साथ ही शरीर से बाहर निकल जाये। वस्तुतः अग्नि-साधना के पहले पिया गया पानी आपके शरीर का शोधन करेगा। आवश्यकता हो तो अग्नि-साधना के बीच में भी पानी पी सकते हैं। गर्मी के दिनों में शाम की साधना से पहले तो पानी अवश्य ही भरपेट पी लेना चाहिए। इससे शरीर की तोड़-फोड़ तो बाहर निकलेगी ही, अनेक रोगों के कारण भी बाहर निकल जायेंगे।

अग्नि-साधना के समापन के उपरान्त पानी को घूँट-घूँट करके मुँह में घुमा-घुमाकर ऐसे पियें जैसे खा रहे हों। यह पानी सारी गर्मी को पचाने में सहायक होगा और संजीवनी रस के समान शरीर का पोषण करेगा।

अग्नि-क्रिया के तुरन्त बाद कोई बहिर्मुखता वाला कार्य न करें। इसके लिए उचित होगा कि सायंकाल में ही साधना की जाये, क्योंकि प्रातःकाल में साधना के बाद दौड़-धूप के कार्य करने पड़ सकते हैं। वैसे भी यह साधना अत्यन्त तीव्र तथा शीघ्र फल देने वाली है, अतः प्रारम्भ में तो सप्ताह में एक-दो बार साधना करना भी पर्याप्त होगा। विशेष प्रगति के इच्छुक साधक मार्गदर्शन में रहते हुए अधिक बार भी साधना कर सकते हैं।

अग्नि-क्रियायोग की विधि

एक व्यक्ति को मुखिया चुन लें। जो स्वंयं अच्छा साधक भी हो और अग्नि-क्रिया की सारी विधि जानता हो। उसके निर्देशन में मन्त्रोच्चारण करें। एक व्यक्ति घृत की आहुति देने के लिए चुन लिए जाये। 'स्वाहा' शब्द के अन्त में जब **'हाऽऽऽ'** बोला जा रहा हो, तब वह घृत की आहुति दे तथा स्रुवा में बची घृत की बूँदों को पास में रखे पात्र के जल में डालता जाये। इस जलमिश्रित मन्त्रित घृत का अग्नि-साधना में विशेष उपयोग किया जाना है।

एक अन्य व्यक्ति यह देखता जाये कि अग्नि मन्द न होने पाये तथा बीच-बीच में आवश्यकता के अनुसार लकड़ियों को कुण्ड में प्रेमपूर्वक लगाता जाये। जबकि दो-तीन व्यक्ति सुगन्धित व औषधि पूर्ण समिधा को 'स्वाहा' के उच्चारण के अन्त में अग्नि में समर्पित करते जायें। शेष सभी साधक शान्त मुद्रा में एकाग्र मन से साधना करते जायें।

अग्नि प्रज्वलित करने से पहले गुरु-वन्दना करें, इष्ट-वन्दना करें। अग्नि-महिमा विषयक मन्त्रों का उच्चारण कर लें अथवा सीधे-सादे शब्दों में भाव-भक्ति पूर्ण प्रार्थना कर लें। जो कोई भी मन्त्र या प्रार्थना हो, वह आपको कण्ठस्थ ही होनी चाहिए, क्योंकि देखकर पढ़ने में न तो आँखों का सम्बन्ध अग्नि के साथ बना रह पायेगा और न ही मन स्थिर रह पायेगा। तत्पश्चात प्रज्वलित दीप या कपूर को लकड़ियों के मध्य रखकर अग्नि प्रदीप्त करें; अब मुख की धौंकनी से श्वास-प्रश्वास को गति देते हुए अग्नि को प्रचण्ड करें। फिर यथाविधि मन्त्रोच्चारण आदि के द्वारा अपने-अपने निर्धारित दायित्वों (घृत आहुति आदि) का पालन करते हुए साधना का प्रारम्भ करें।

इस अग्नि-साधना में कर्मकाण्डात्मक पूजाओं की आवश्यकता नहीं है। हाँ, यदि कोई दो-चार मिनट में श्रद्धा-भक्तिपूर्वक सारी पूजा निष्पन्न कर सके, तो उस पूजा का इस अग्नि-साधना से कोई विरोध भी नहीं है। सामान्य पद्धति में अग्नि प्रज्वलन के लिए ज्योति जगाकर **"ॐ चित्पिङ्गल हन हन दह दह पच पच सर्वज्ञाज्ञप स्वाहा"** मन्त्र बोलकर तीन लकड़ियाँ अग्नि पर रखते हैं और फिर निम्नलिखित मन्त्रों

के द्वारा दैवी शक्तियों का आवाहन करने के लिए घृत की आहुति देते हुए अग्नि प्रदीप्त करते हैं:-

ॐ प्रजापतये स्वाहा! इदं प्रजापतये इदं न मम्!

ॐ इन्द्राय स्वाहा! इदमिन्द्राय इदं न मम्!

ॐ अग्नये स्वाहा! इदमग्नये इदं न मम्!

ॐ सोमाय स्वाहा! इदं सोमाय इदं न मम्!

ॐ भू स्वाहा! इदमग्नये इदं न मम्!

ॐ भुवः स्वाहा! इदं वायवे इदं न मम्!

ॐ स्वः स्वाहा! इदं सूर्याय इदं न मम्!

इन मन्त्रों में स्वाहा के साथ घृत की आहुति अग्निकुण्ड में देते हैं और **इदं न मम्** के साथ बचे हुए घृत की बूँदों को जलपात्र में संचित कर लेते हैं। प्रायः मृत्युंजय आदि मन्त्रों के साथ भी प्रत्येक घृत-आहुति के बाद भी यह प्रक्रिया दोहराते हैं, क्योंकि इस घृतमिश्रित जल का भी अग्नि-क्रिया में प्रयोग किया जाता है। आहुतियों के सम्पन्न होने पर शरीर के विभिन्न अंगों में अग्नि का संचार करने से पूर्व इस घृतमिश्रित जल को अपने हथेलियों पर मल लिया जाता है। इससे अग्नि के साथ संयोग बनाना सहज हो जाता है तथा ग्राह्यता में भी वृद्धि हो जाती है।

इसी प्रकार सम्पूर्ण क्रिया के सम्पन्न होने पर बचे हुए घृत की पूर्णाहुति देने के लिए भी एक विशेष मन्त्र का प्रयोग किया जाता है। यह मन्त्र है:-

''ॐ वसोः पवित्रमसि शतधारं वसोः पवित्रमसि सहस्त्रधारम्। देवस्त्वा सविता पुनातु वसोः पवित्रेण शतधारेण सुप्वा कामद्युक्षः॥''

इस मन्त्र का सस्वर उच्चारण करते हुए पात्र में शेष घृत को एक धार बनाकर अग्निकुण्ड में समर्पित किया जाता है। स्मरण रहे, यह एक सामान्य विधान है, किन्तु 'अग्नि-क्रियायोग' मुख्यतः अग्नि के सान्निध्य में शक्ति जागरण की योगक्रिया है अतः आप अपनी मान्यता एवं भावना के अनुसार किसी भी भाषा में अग्निदेव से प्रार्थनापूर्वक सम्बन्ध जोड़ सकते हैं।

एक विशेष ध्यान योग्य बात यह है कि पूरी खुली आँखों के द्वारा जहाँ तक सम्भव हो, निर्निमेष अग्नि की लपटों को देखते रहना है।

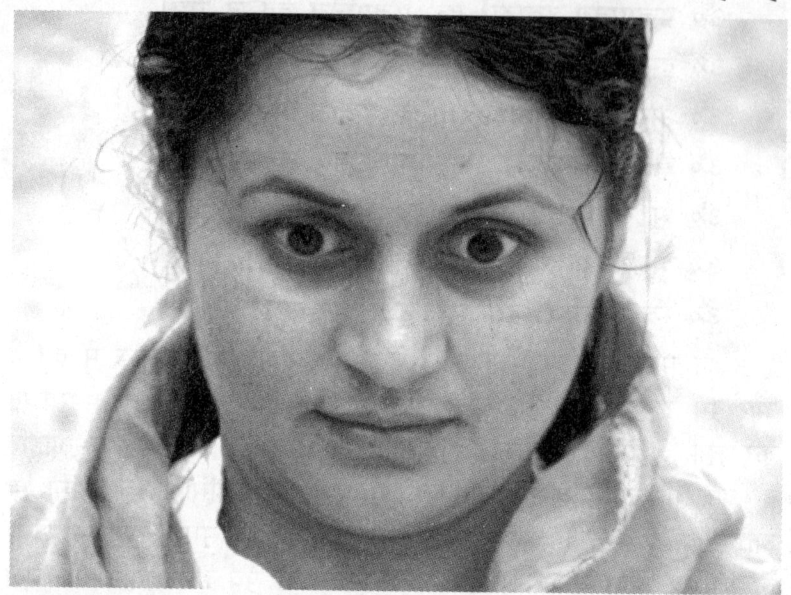

आप देख पायेंगे कि अग्नि की लपटों के रंग समय-समय पर बदलते जाते हैं। उन रंगों में से भी किसी एक रंग वाली लपट पर विशेष ध्यान केन्द्रित करें। यह ध्यातव्य लपट सबके लिए भिन्न-भिन्न भी हो सकती है। यह वह अग्नि का मुख है, जो आपकी चेतना को ऊर्ध्वमुखी करने का केन्द्र है।

अब हाथों से 'अग्नि मुद्रा' लगाते हुए विभिन्न मन्त्रों का **'ओऽम्'** के दीर्घ घोषपूर्वक 5-5 या 7-7 बार मन्द्र, मध्यम तथा तार स्वरों में सभी को मिलकर उच्चारण करना चाहिए। प्रत्येक मन्त्र की समाप्ति **'स्वाहा'** इस घोष के साथ होनी चाहिए। **'स्वाहा' शब्द का उच्चारण लम्बे श्वास में, पूरा मुख खुला रखते हुए और आँखों की सीध अग्नि के साथ बनाये रखते हुए होना चाहिए।** सामग्री अथवा घृत की आहुति डालने वाले **'हाऽऽऽ'** के उच्चारण के समय ही आहुति डालें; बाकी साधक नेत्रों को अग्नि पर टिकाये हुए ध्यान की मुद्रा में ही बैठे रहें।

ध्यान रहे, आहुतियों को अग्नि में फेंकना नहीं है। आहुति इस प्रकार से डाली जाये कि जैसे हाथ, आहुति और अग्नि ज्वाला का एक सम्बन्ध -सा जुड़ गया है। झटके से आहुति को फेंकने से तो आप अग्नि से अपना सम्बन्ध ही तोड़ लेते हैं। ऐसी क्रिया को तो कभी भी साधना नहीं कहा जा सकता।

आहुति डालने के लिए विशेष अग्नि-मुद्रा लगायी जाती है। इसमें तर्जनी तथा कनिष्ठिका को सीधा फैलाते हुए, मध्यमा तथा अनामिका को साथ जोड़ते हुए उनके ऊपर सामग्री रख ली जाये तथा अँगुष्ठ से उसे आगे खिसकाते हुए आहुति दी जाये। आहुति भी दायें-बायें न डालकर मध्य में अग्नि के मुख में (लपटों में) ही डालनी चाहिए; शरीर के अन्दर अग्निधारा का प्रवाह मध्य सुषुम्नापथ में ही होता है। इधर-उधर आहुति डालने से मध्यधारा सुषुम्ना से आपका सम्बन्ध पूरा नहीं जुड़ा रह पायेगा।

शरीर के विभिन्न अंगों में सीधा अग्नि का संचार

मन्त्रोच्चारण के बाद दोनों हाथों के सहयोग से, आँखों तथा मुख-जिह्वा की क्रियाओं के द्वारा अग्नि के तेज और ताप का एक क्रमपूर्वक शरीर के सभी अंगों में संचार किया जाता है।

क्रिया शुरू करने से पहले जलमय मन्त्रित घी की कुछ बूँदों को अपने हाथों पर मल लें; चाहें तो आँखों और मस्तक पर भी मल सकते हैं। ॐ का मन्द्र (गहरे) स्वरों में दीर्घ उच्चारण करते हुए हाथों को अग्नि की ओर फैलायें, जैसे कि धीरे-धीरे हाथों के द्वारा आगे से आगे अग्नि ज्वाला की ओर ही गति कर रहे हों। साथ ही साथ पूरी खुली आँखों से एकटक अपनी इष्ट अग्नि की लपलपाती ज्वाला को देखते रहें।

अब पूरा मुँह खोलकर पूरे वेग से ऊँचे स्वरों में 'स्वाहा' शब्द का उच्चारण करते रहें तथा साथ ही साथ दोनों आँखों को पूरा अन्दर की ओर बन्द करते हुए दोनों हाथों को आँखों पर टिका लें। ध्यान रहे, जहाँ एक ओर आँखें पूरी तरह बन्द हों, वहीं मुँह पूरा खुला रहे। धारणा किये बगैर भी आप अनुभव करेंगे कि अग्नि का तेज आँखों तथा मुँह के द्वारा सारे शरीर के अन्दर प्रवेश कर रहा है। साथ में धारणा भी कर सकें तो अति उत्तम होगा।

विशेष ध्यातव्य यही है कि हाथों के द्वारा विभिन्न अंगों का स्पर्श करते हुए आँखों को पूरा बन्द करके मन ही मन अपने शरीर को देखते जायें। दो या तीन बार 'ओम् - स्वाहा' कहते हुए अग्नि के तेज को हाथों

में भरकर सर्वप्रथम आँखों के भीतर प्रवेश करवायें। फिर इसी क्रम को आगे बढ़ाते हुए दोनों कनपटियों पर, माथे पर, सिर पर, गर्दन के पीछे, दोनों कानों पर, नासा छिद्रों पर, मुँह पर, गले पर और सारे मुखमण्डल में 'ओम् - स्वाहा' की गूँज भरते हुए अग्नि-तेज को शरीर के अन्दर संचरित होने दें। आप तो बस श्रद्धापूर्वक अग्नि-क्रिया करते रहें, अग्निदेव स्वयं अपना रास्ता बना लेंगे। इस प्रकार यहाँ तक एक क्रम हुआ।

यदि आपके पास समय है, तो दूसरे क्रम में फिर मन्त्रोच्चारण करने के पश्चात् उपर्युक्त क्रम के अनन्तर कन्धे, छाती, पीठ, बाहें, पेट, मूलाधार आदि तक हाथों के स्पर्श द्वारा 'ओम् - स्वाहा' की गूँज भरते हुए अग्नि संचार करना है। यदि समय न हो, तो पहले क्रम के बाद मन्त्रों का उच्चारण करने के स्थान पर सीधे ही नीचे के अंगों पर अग्नि संचार प्रारम्भ कर सकते हैं। इस प्रकार यहाँ पर दूसरा क्रम पूरा होता है।

तीसरे क्रम में कमर से नीचे आते हुए जंघाओं, घुटनों, पिण्डलियों, पैरों की उंगलियों और अन्त में पैरों के तलवों में अग्नि-संचार करना है। यहाँ तीसरा क्रम पूरा होता है। यहाँ पर भी समय की उपलब्धता के अनुसार ही मन्त्रोच्चारण का निर्णय करें।

इस पूरे क्रम में 'ओम्' का उच्चारण करते हुए और आँखों को पूरा खुला रखते हुए हाथों के द्वारा अग्नि को धारण करना है तथा 'स्वाहा' का उच्चारण करते समय आँखों को कसकर बन्द करते हुए हाथों के द्वारा अग्नि देव के तेज का शरीर के विभिन्न अंगों में संचार करना है। प्रत्येक क्रम के अन्त में उस स्थान पर विशेष रूप से अग्नि-संचार करें, जो रोग से पीड़ित है। ध्यान रहे, दिल के रोगी सामने की अपेक्षा दिल के ठीक पीछे पीठ पर से अग्नि-संचार अधिक करें। पेट के रोगी पेट के साथ-साथ पीछे मूलाधार पर भी विशेष रूप से अग्नि-संचार करें।

यह एक सामान्य क्रम है। इसमें अपनी अवस्था अथवा अधिकार के अनुसार परिवर्तन किया जा सकता है। अच्छा यही रहेगा कि मार्गदर्शक की सलाह के अनुसार ही परिवर्तन करें, मनमर्जी से नहीं।

जो साधक ध्यान की गहराइयों में उतरने के इच्छुक हैं, वे मूलाधार आदि सभी चक्रों में अग्नि-संचार करें, किन्तु यह ध्यान तब अति विशेष हो जायेगा, जब आपको चक्र के अनुसार ही ज्वालाओं के रंगों में भी विविधताएँ अनुभव में आने लगें; उनके भिन्न-भिन्न रंग दिखायी देने लगें।

नाभि के अग्निकुण्ड में अग्नि का संचार ही समाधि का आधार

समाधि-मण्डल में प्रवेश प्राप्त करने के लिए इस अग्नि-साधना को विधिपूर्वक किया जाये, तो निस्सन्देह विशेष मदद मिल सकती है। जिस प्रकार पूर्व में वर्णित हो चुका है, साधक 'अग्नि-क्रियायोग' के द्वारा 'ओम्-स्वाहा' का उच्चारण करते हुए क्रमशः शरीर के सारे अंगों में

अग्नि का संचार करे। तदुपरान्त कुण्डलिनी के सुप्त क्षेत्र में अग्निप्रवेश करने के लिए 'स्वाहा' का दीर्घ उच्चारण करते हुए नाभिमण्डल के अग्र (पूर्व) भाग तथा पृष्ठ (पश्चिम) भाग को हाथों के द्वारा स्पर्श करे। बारम्बार इस क्रिया को करते रहें। क्रिया करते समय यह धारणा अवश्य करें कि स्वर्णिम ज्वालाएँ हाथों के माध्यम से नाभिकुण्ड में प्रवेश कर रही हैं।

'ओम-स्वाहा' का मन्द्र व अति मन्द्र स्वरों में उच्चारण अग्नि-ज्वालाओं का प्रवेश शरीर के निम्न पृथ्वी और जल के क्षेत्रों की ओर करेगा तथा तार व अति तार (उच्च) स्वरों में उच्चारण कण्ठ से ऊपर मस्तक के सूक्ष्म क्षेत्रों में प्रवेश करवायेगा। मध्यम (सामान्य) स्वरों का उच्चारण कण्ठ तथा उससे सम्बद्ध क्षेत्रों में गति करेगा। अच्छा यही रहता है कि 'ओम' का उच्चारण, हाथों को अग्नि की ओर गति करते हुए मन्द्र स्वरों में किया जाये तथा 'स्वाहा' का उच्चारण एक क्रमपूर्वक नीचे से ऊपर के स्वरों में किया जाये।

जब शरीर का पूर्व भाग अग्नि-तेज से व्याप्त हो जाये, तब अग्निकुण्ड की ओर पीठ करके भी यह साधना करनी चाहिए। (जो साधक अपने चारों ओर अग्नि प्रचण्ड करके अग्नि-साधना करते हैं, वे तो निस्सन्देह विशेष लाभ उठा सकते हैं, यदि वह सचमुच अन्तर्मुख होकर अग्नि को अपने शरीर में धारण करते हुए जप-ध्यान की साधनाएँ शक्ति जागरण के लिए करते हैं।)

मन्द्र और दीर्घ स्वरों में 'ओम-स्वाहा' या श्वास-श्वास गुरु-मन्त्र का उच्चारण करते हुए अग्नि को धारणा-ध्यान के द्वारा अपने शरीर में भरते रहना चाहिए। जब यह अनुभव होने लगे कि शरीर के अन्दर के सूक्ष्म मूलाधार आदि केन्द्रों में तेजोमय स्पन्दनों ने हलचल करना शुरू कर दिया है, तब मन्त्र का उच्चारण बाहर से करने की आवश्यकता नहीं है। तब अन्तर्मुखी दृष्टि के द्वारा हाथों को गति देते हुए शरीर के विभिन्न केन्द्रों पर दृष्टिपात करते हुए अपनी चेतना को व्यापक करते जायें।

धारणा करते जायें कि आगे-पीछे, ऊपर-नीचे, दायें-बायें तथा विभिन्न कोणों में सभी जगह सप्तरंगी प्रकाश की शक्तिशाली किरणें व्याप्त हैं और साधनारत शरीर इस अग्न्याकाश में स्थित है। जैसे-जैसे अग्नि का तेज शरीर के सूक्ष्म केन्द्रों में प्रवेश करेगा, यह तेज शक्तिपूर्ण आनन्दमयी तरंगों में रूपान्तरित होता जायेगा। तब अग्नि की दाहिका शक्ति का रूपान्तरण हो जायेगा और वह **अग्नि साधक को दग्ध न करके उसकी चेतना को सभी स्तरों पर रूपान्तरित करने लगेगी।**

शरीर के अन्दर अग्नि से सोम की उत्पत्ति होना ही अग्नि-साधना की सिद्धि है। यह सोम रस ही अमृत है, जो सृष्टि (शरीर) का पोषक तथा उपादान कारण भी है। विद्युतमय यह सोम रस शरीर को वज्र सदृश बनाने की सामर्थ्य रखता है। दधीचि ऋषि का शरीर इसी सोम रस का पान करके वज्रसम बन गया था। उनकी अस्थियों से निर्मित वज्र के द्वारा ही यज्ञकुण्ड से उत्पन्न वृत्रासुर का वध किया जाना सम्भव हुआ था। वृत्रासुर के शरीर में सोम रस की अल्पता थी भले ही वह अग्नितत्त्व से भरपूर भी था। उसके शरीर में उठ रही अग्नितरंगें यज्ञपुरुष भगवान् विष्णु से पूर्ण योग स्थापित

करने में सफल नहीं हो सकी थीं। इसी कारण उसके शरीर में सोम रस का पर्याप्त संचरण नहीं हो सका। किन्तु **यदि कोई महायोगी अपने शरीर में उठ रही शक्तिशाली तेजोमयी किरणों को भगवद्भक्ति पूर्वक सहस्त्रार में पहुँचा सके, तो इन तेजोमयी किरणों का सोम (अमृत) में रूपान्तरण सम्भव है।**

अग्नि से सोम और सोम से अग्नि, यही है महायोग की साधना। यह साधना जरा-व्याधि-मरण से मुक्ति दिलाकर शरीर को भी मृत्युंजयी बनाते हुए मृत्युलोक में ही, चलते-फिरते हुए भी ब्राह्मी ज्योति से एकत्व स्थापित करने का वर प्रदान करती है।

अग्नि का ध्यान तथा अग्न्याकाश में गति

जिस प्रकार मृत्युलोक का भूताकाश, मरणधर्मा शरीरियों के निवास का स्थान है, उसी प्रकार दिव्य लोकों का अग्न्याकाश सिद्धशरीरी महापुरुषों के निवास का स्थान है। अवतारी पुरुष भी धरती पर अवतरित होते समय अग्न्याकाश में तेजोमय आवरण को ही पहले ओढ़कर फिर नीचे आते हैं। अग्न्याकाश में गति लाभ कर सकने पर सिद्ध पुरुषों से सीधा सम्बन्ध जोड़कर उनका मार्गदर्शन तथा उनकी कृपा-प्राप्ति का दुर्लभ संयोग प्राप्त हो सकता है। **अग्न्याकाश मानो वह द्वार है, जिसमें प्रवेश कर लेने पर अकाल पुरुष परमात्मा तक का पथ स्वयमेव खुलता जाता है।** जहाँ एक ओर अग्न्याकाश में से ऊर्ध्वदृष्टि करने से ब्रह्मलोक तक गति हो सकती है, वहाँ अग्न्याकाश में से चित्ताकाश या भूताकाश से भी सम्बन्ध जोड़ा जा सकता है।

एक अग्नि-क्रिया योगी अपने शरीर के सारे अंगों में अग्नि का प्रवेश कर लेने के बाद यह धारणा करे कि मैं अग्न्याकाश में स्थित हूँ। ऊपर-नीचे तथा सभी दिशाओं में अग्नि का तेजोमय प्रकाश फैला हुआ है। उस समय उसे सहज आँखें बन्द करके अपने इष्ट-गुरु का ध्यान करते रहना चाहिए। अपने स्तर व स्वभाव के अनुसार उसे विभिन्न रंगों से निर्मित कुछ आकार दिखायी दे सकते हैं। उसमें से किसी एक रंग व आकार में अपनी सुरति टिकाकर साधक उसके अन्दर प्रवेश करता जाये। इस प्रकार साधक की चेतना का विकास होता जायेगा।

शरीर को अग्निमय करने के बाद अग्नि का ध्यान करना है। ढीली तथा पूरी खुली हुई अपलक आँखो से लपटों के साथ सीधे जुड़े रहकर अपने आपको देखते रहना है। अन्दर ही अन्दर गहरे तथा लम्बे श्वासों को नाभि से मस्तक तक, नासाग्र केन्द्र से भरते-छोड़ते जाना है। साथ ही साथ श्वास-श्वास गुरुमन्त्र का जाप करते हुए अपने इष्ट का ध्यान करते जाना है। (ध्यान की कोई खास पद्धति का निर्देश करने की यहाँ कोई आवश्यकता नहीं, अपनी गुरु-परम्परा के अनुसार ही करें।)

थोड़ी देर के बाद आँखों को बन्द हो जाने दें। आँखों की पुतलियाँ पलकों से तो ढकी हुई हैं, किन्तु आप सम्पूर्ण अग्निकुण्ड को प्रज्वलित ज्वालाओं सहित देख भी रहे हैं। यह दर्शन केवल मानसिक ही नहीं होगा, इस दर्शन में आँखों की पुतलियाँ भी अग्निकुण्ड की ओर फैलेंगी, किन्तु पलकों से ढकी हुई ही। अन्दर ही अन्दर आँखों को और अधिक विस्तारित करते जायें। ऊपर-नीचे-पीछे तक फैलती हुई अन्तर्मुखी आँखों के द्वारा प्रत्यक्ष अनुभव करें कि आप अग्न्याकाश में ही स्थित हैं। सब ओर तेजोमयी ऊर्जा व्याप्त है। इस अग्न्याकाश में विचरण करती सुरति का अति उन्नत महापुरुषों के साथ सम्बन्ध जुड़ना भी सम्भव है। लेकिन साधक को यह सम्बन्ध जोड़ने की अपनी ओर से चेष्टा करने की या कल्पित धारणा करने की कोई आवश्यकता नहीं। वे तो केवल अग्न्याकाश में अपनी दृष्टि का विस्तार ही करते जायें। जो होना होगा अदृष्टानुसार अपने आप ही होगा। बीच-बीच में आँखें खोलकर अग्नि-त्राटक करने की इच्छा हो, तो कर सकते हैं। जितनी देर ध्यान कर सकते हैं, करें। बीचे में कुछ समय के लिए अग्नि की ओर पीठ करके मूलाधार को केन्द्र बनाते हुए भी ध्यान कर सकते हैं। यदि कोई उन्नत साधक अन्यान्य अग्नि-क्रियाओं को छोड़कर सीधा ध्यान ही करना चाहे, तो वह भी कर सकता है।

परहिताय अग्नि-साधना

दूर देश स्थित अपने किसी मित्र-सम्बन्धी के साथ सम्बन्ध जोड़कर उसका रोग या कोई कष्ट दूर करने की कई साधनाएँ वर्तमान साधकों

में प्रचलित है। रेकी या प्राणिक हीलिंग आदि विधियों के द्वारा दूर उपचार आधुनिक शिक्षा प्राप्त समाज में देश-विदेश के अनेक व्यक्तियों द्वारा अपनाया जा रहा है। अपढ़ लोगों की मूढ़ मान्यताएँ हैं, ये उपचार-पद्धतियाँ (पुराने लोगों के टोने-टोटके और झाड़फूँक आदि)। इस प्रकार की मिथ्या कल्पनाओं की अँधेरी गलियों से मुक्त होकर इन उपचार-पद्धतियों ने अपना एक युक्तियुक्त वैज्ञानिक आधार प्राप्त कर लिया है। इन्हें केवल 'जादू-टोना' कह देना तो हमारा अज्ञान और जड़-बुद्धिपना ही दर्शाता है।

रेकी आदि आधुनिक नामों को धारण किये इन अनेक साधन-पद्धतियों में मन्त्र तथा यन्त्र आदि की मदद से अपने शुभ-संकल्पों को साधक इष्ट स्थान तथा इष्ट व्यक्ति तक पहुँचाता है। यद्यपि मन तथा प्राणों के लिए तो देशकाल की दूरी कोई अर्थ नहीं रखती तथापि स्थूलशरीरों की जड़ता में बँधा मन दूर गति करने में प्रायः समर्थ नहीं होता। अग्नि-साधना के द्वारा स्थूल शरीर की जड़ हदबन्दी से अपने को मुक्त करने की सामर्थ्य प्राप्त कर लेना एक सरल साधक के लिए सहज सम्भव है। जैसे-जैसे अग्नि का भीतर प्रवेश होता है, शरीर शुद्ध होता जाता है और चेतना व्यापक। प्राणों में भी पूरा वेग भर जाता है। इस प्रकार छोटा-सा संकल्प भी यदि शुद्ध तथा आत्मभाव से परिपूर्ण हो, तो अत्यन्त शक्तिशाली सिद्ध होता है।

मन ही मन अति उच्च स्वरों में स्वाहा का उच्चारण करने के अन्त में उस व्यक्ति का नाम उच्चारण करें, जिससे आप सम्बन्ध जोड़ना चाहते हैं। इस स्थिति में आपका एक हाथ मूलाधार अथवा नाभिमूल पर तथा दूसरा हाथ मस्तक के शिखा स्थान से भ्रूमध्य तक स्पर्श करते रहना चाहिए।

निचले और ऊपर के हाथों की स्थिति को कुछ आगे-पीछे करने के साथ गर्दन को भी आगे-पीछे करते हुए एक सहज स्थिति में बने रहना चाहिए, जिसमें कि उस व्यक्ति का आकार आपके आन्तर-दृष्टिपथ में उभर आये। आँखों की आन्तर दृष्टि के साथ-साथ हाथों तथा गर्दन की स्थिति भी यह निर्णय करती है कि वह व्यक्ति कितनी दूर तथा किस दिशा में स्थित है। अब आप अपने मन के शुद्ध तथा हितकारी भावों को अपनी इच्छाशक्ति के द्वारा उस व्यक्ति तक पहुँचा सकते हैं। ध्यान रहे, शुद्ध और निस्वार्थ भावों को ही वहाँ जाने का पथ मिलेगा, गलत भाव वहाँ नहीं पहुँच सकेंगे, क्योंकि या तो वे शुद्ध अग्नि में दग्ध हो जायेंगे या साधक पर ही उल्टा वार करेंगे।

सर्वमांगल्य की धारणा

अग्न्याकाश की धारणा के बाद विश्व-कल्याण की धारणा भी की जा सकती है या ऐसा कह लें कि करनी चाहिये क्योंकि इससे आत्म चेतना विस्तार होगा। इसके लिए दोनों हाथ ऊपर उठाकर ऊर्ध्वमुखी बन्द नेत्रों से आकाश की ओर देखते हुए ऐसी धारणा करें कि हाथों से निकल कर तेजोमयी रश्मियाँ सर्वत्र फैलती जा रही हैं।

इसके उपरान्त अगले पृष्ठ पर दिये गये चित्र अनुसार खड़े होकर ॐ नाद की गुंजार के साथ हाथों से अग्नि-तेज को धारण करके, ऊपर हाथ करते हुए 'स्वाहा' के साथ सभी दिशाओं में तेजोशक्ति का प्रसारण करें। पहले दाहिने-बायें और फिर अपने स्थान पर दक्षिणावृत्त एवं उत्तरावृत्त परिक्रमा करते हुए भी ऐसा करें। मन ही मन अपने हाथों से निकल रही तरंगों को चारों और फैलाते जायें।

अन्त में **'सर्वे भवन्तु सुखिनः सर्वे सन्तु निरामया सर्वे भद्राणि पश्यन्तु मा कश्चितद्‌दुःख भाग्भवेत्'** या अन्य कोई सर्वकल्याण विषयक प्रार्थना बोलकर 'अग्नि-क्रियायोग' का समापन करें। ऐसी प्रार्थना करना अति आवश्यक है क्योंकि कोई भी साधना तब तक अधूरी रहती है, जब तक वह केवल अपने लिए ही की जाती है। साधना को व्यापक और पूर्ण बनाने के लिए इसमें करुणामय सर्वात्मभाव का पुट लगाना परम आवश्यक है।

प्राचीन समयों में 'अग्नि-क्रियायोग' के प्रचण्ड रूप 'पंचाग्नि-साधना' का अति उत्तम साधकों में विशेष प्रचलन रहा है। त्रिगुणात्मिका माया से निर्मित ब्रह्माण्ड तथा पिण्ड में तीन गुणों के प्राबल्य अनुसार ही उनकी प्रकृति का निर्माण होता है। इस स्वाभाविक प्रकृति को बदलने में अनेक जन्म ही नहीं, कई बार तो अनेक युग भी लग जाते हैं। वस्तुतः यह परिवर्तन ही जीव की चेतना के विकास का मापदण्ड है। इस विकास के निमित्त शरीर की समस्त प्रकृति का ही रूपान्तरण करने के लिए की जाने वाली साधनाओं में पंचाग्नि-साधना अत्यन्त महत्त्वपूर्ण है।

तप की महत्ता तथा पंचाग्नि तप

प्रायः देखा गया है कि यदि एक व्यक्ति के लिए किसी समय कोई कार्य करना अति कठिन या असम्भव-सा हो, किन्तु किसी विशेष साधना के अनुष्ठान से यदि वह अपने में विशेष शक्ति का जागरण कर सके, तो उस असम्भव कार्य को करने में वह सफल हो जायेगा। विशेष शक्ति जागरण का सीधा-सा अर्थ ही है– अपनी प्रकृति का ही रूपान्तरण कर देना। अपनी प्रकृति को ही बदल देने की साधना का नाम है 'तप'।

जिस प्रकार अग्नि में डाला गया सुवर्ण तप कर शुद्ध हो जाता है, धरती की अग्नि में डाला गया बीज स्वयं को रूपान्तरित करता हुआ वृक्ष बनता है। इसी प्रकार मन व इन्द्रियों की रजो-तमो प्रवृत्तियों को अग्नि में तपाकर सत्त्व प्रधान करता हुआ साधक भी अति कठिन लक्ष्यों की प्राप्ति की शक्ति अपने में जगा लेता है। शास्त्रों में ऐसे अनेक साधकों का वर्णन है, जिन्होंने पंचाग्नि तप के द्वारा अपने शरीर तक का रूपान्तरण कर डाला।

देवी पार्वती का विलक्षण तप

गिरिराजनन्दिनी देवी पार्वती की प्रतिज्ञा थी, **कोटि जनम लग रगर हमारी। वरऊँ शम्भु न तु रहहुँ कुंवारी।** मैं तो भगवान् शम्भु को ही वरण करूँगी नहीं तो फिर कुँवारी रहूँगी, भले ही कोटि जन्म क्यों न बीत जायें। माता-पिता, बन्धु-बान्धवों, अनेक विद्वानों-तपस्वियों ने देवी को समझाया कि इस असम्भव कार्य के लिए दुराग्रह न करो। यह कार्य तुम्हारे जैसी सुकुमार शरीर के लिए असम्भव है। इस पर देवी ने निर्णय लिया, "यदि यह शरीर सुकुमारता के कारण भगवान् शिव को वरण नहीं कर सकता तो मैं अपने आपका रूपान्तरण करूँगी। कठोर तप के द्वारा सभी दुर्बलताओं को दग्ध कर भगवान् शिव की अनुरूपता प्राप्त करके उनकी अर्द्धांगिनी बनूँगी।"

शिवपुराण में इस तप का विशद् वर्णन है- दृढ़वती देवी ने हिमालय के गंगावतरण नामक शिखर पर तप-साधना प्रारम्भ कर दी। वे मन

सहित सम्पूर्ण इन्द्रियों को शीघ्र ही वश में करके एक वेदी पर आसीन हो गयीं। ग्रीष्म ऋतु में अपने चारों ओर दिन-रात आग जलाये रखकर वे बीच में बैठतीं। दिन के समय ऊपर सूर्य और रात्रि के समय चन्द्र का प्रकाश होता। इस प्रकार स्थित रहकर वे निरन्तर पंचाक्षर मन्त्र का जप करतीं। वर्षा ऋतु में वे निरन्तर वर्षा की जलधारा से भीगतीं रहतीं। शीतकाल में शीतल जल के भीतर खड़े रहकर जप करतीं। इस प्रकार पहले फलाहार, फिर पत्तों का आहार, फिर मात्र जल का पान करती हुई वह साधना करती रहीं। अन्ततः जल पीना भी त्याग कर केवल वायुभक्षण करते हुए वह साधना में रत हो गयीं।

यह सारा विधान पंचाग्नि-साधना का ही है। इस पंचाग्नि-साधना के द्वारा उनका शरीर पूर्णतया रूपान्तरित होकर तेजोमय हो गया। गर्मियों में अग्नि-ज्वालाओं के मध्य, सर्दियों में ठिठुरते जल के भीतर और बरसातों में जल-धाराओं के नीचे रहकर निरन्तर अन्तर्मुखी बने रहने की साधनाएँ, परस्पर एक-दूसरे की पूरक साधनाएँ हैं। इन सबका सम्मिलित नाम है, पंचाग्नि-साधना।

देवी पार्वती की इस कठोर साधना की पूर्णता तब हुई, जब उनकी साधना समष्टि स्तर पर भी प्रतिफलित होने लगी। देवी की निज प्रकृति के अत्यन्त विशुद्ध तथा सत्त्वमयी बन जाने के कारण उनके आसपास का वातावरण भी वैसा ही बन गया। स्वभावतः एक-दूसरे के विरोधी साँप-नेवला, सिंह-गौ आदि जीव भी द्वेष को भूलकर सहज भाव से इकट्ठे रहने लगे। आश्रम के सभी वृक्षों में सदा फल लदे रहने लगे। आदि इत्यादि।

देवी पार्वती का लक्ष्य परम सात्त्विक था। इसलिए अग्नि-साधना के द्वारा वे परमेश्वर शिव से सम्बन्ध जोड़ने में समर्थ हो सकीं, किन्तु यदि किसी साधक का लक्ष्य ऐश्वर्य की प्राप्ति हो, तो अग्नि-साधना उसमें लक्ष्यानुरूप प्राप्ति की योग्यता भी पैदा कर देगी। पंचाग्नि-साधना ने तो साधक की प्रकृति का रूपान्तरण कर ही देना है, अब यह तो साधक पर निर्भर करता है कि वह किस विशेष लक्ष्य के लिए अपने को तैयार कर रहा है।

कुम्भकर्ण, रावण तथा विभीषण की पंचाग्नि-साधना

रामायण के पात्र कुम्भकर्ण, रावण तथा विभीषण ने भी पंचाग्नि तप के विभिन्न अंगों की साधना की। विभीषण को छोड़कर अन्य दोनों भाइयों का लक्ष्य ऐश्वर्य की प्राप्ति ही था। विभीषण को ऐश्वर्य के साथ भगवद्भक्ति भी प्राप्त हुई, जबकि दोनों भाइयों को मात्र ऐश्वर्य की।

वाल्मीकि ऋषि ने कुम्भकर्ण के तप का वर्णन करते हुए लिखा है:- **तताप ग्रीष्मकाले तु पंचाग्नीन् परितः स्थितः। ...** कुम्भकर्ण अपने चारों ओर अग्नि जलाकर पंचाग्नि तापता था। वर्षा ऋतु में जल की वृष्टि झेलता था और शीतकाल में शीतल जल में बैठता था।

विभीषण की अधिकांश साधना पंचम अग्नि सूर्य के सान्निध्य में हुई। वस्तुतः इसको सूर्य-साधना ही कहना उचित होगा। **पंच वर्ष सहस्राणि सूर्य चैवान्ववर्तत। तस्थौ चोर्ध्वं शिरो बाहुः स्वाध्याये धृतमानसः॥** विभीषण पाँच हजार वर्षों तक दोनों भुजाएँ ऊपर को उठाये हुए सूर्यनारायण को देखता हुआ वेदपाठ करता रहा।

वस्तुतः इन श्लोकों में वर्णित साधनाओं का भावार्थ यही है कि जहाँ कुम्भकर्ण की पंचाग्नि-साधना एक प्रकार से अधूरी ही रही और वह पंचम अग्निरूपी सूर्य से सीधा सम्पर्क नहीं जोड़ सका, वहीं भक्तिभाव की प्रबलता के कारण विभीषण इस पंचाग्नि-साधना की पूर्णता की ओर अग्रसर हो गया।

रावण ने भी अग्नि-साधना सम्पन्न की, किन्तु उसकी प्रकृति भिन्न होने के कारण तथा समर्पण-भक्ति के अभाव के कारण उसकी साधना का क्रम भी दोनों भाइयों से भिन्न रहा। आसुरी प्रकृति होने के कारण यद्यपि वह भी पंचम-अग्नि के साथ सीधा सम्बन्ध तो नहीं जोड़ सका, तथापि उसने कुण्डों में अत्यन्त प्रचण्ड हुई अग्नियों को अपने शरीर में इतना अधिक व्याप्त कर लिया कि नाभि से लेकर मस्तकपर्यन्त अग्नि की विशेष ज्वाला उसके शरीर में प्रचण्ड हो उठी। यहाँ तक कि उसने अपने मस्तक को भी अग्निमय बना दिया। वस्तुतः यही रहस्यार्थ है- अपने मस्तक को अग्नि में होम करने का। अग्नि-साधना करते-करते प्रत्येक हजार वर्ष के अन्त पर जब मस्तक पूर्ण अग्निमय हो जाता था,

तब वह नये सिरे से दुबारा साधना शुरू कर देता था। इस प्रकार रावण ने इस अग्नि-साधना के दस चरण पूरे किये। नौ चरणों की साधना में उसने अपनी नौ इन्द्रियों को भी अग्नि के तेज से इतना भर दिया कि नाभिकुण्ड से ब्रह्मरन्ध्र तक अग्निमय सुषुम्नापथ के साथ प्रत्येक इन्द्रिय का सीधा सम्बन्ध स्थापित हो गया था, किन्तु ब्रह्मरन्ध्र के पार वह अपनी चेतना को न ले जा सका। उसकी साधना का दसवाँ चरण अधूरा ही रहा। फलस्वरूप जागतिक अतुलित ऐश्वर्य तथा सामर्थ्य की प्राप्ति ही वह कर सका किन्तु अभीष्ट मृत्युंजयी पद से दूर ही बना रहा।

यदि कहीं रावण में विभीषण की तरह भक्तिभाव भी होता, तो मस्तक में प्रविष्ट हुई अग्निधारा के ब्रह्मरन्ध्र का भेदन करने से उसे ईश्वर-कृपारूपी उस दिव्य अमृत की प्राप्ति होती, जिससे वह शरीर में रहते हुए ही ईश्वरतुल्य हो जाता, मृत्युंजयी बन जाता। उस अतुलनीय पद को वह प्राप्त कर लेता, जो देवी पार्वती ने प्राप्त किया।

यह ठीक है कि मस्तक में अग्नि का प्रवेश हो जाने से अमृत की प्राप्ति तो रावण को भी हुई, किन्तु ब्रह्माण्डव्यापिनी परमेश्वरी के साथ सम्बन्ध न जुड़ पाने के कारण उस अमृत का केन्द्र उसके शरीर का नाभिकुण्ड ही रहा, ब्रह्मरन्ध्र नहीं। नौ इन्द्रियों में तो उस अमृत का संचार हो सकता था, किन्तु दसवें छिद्र को पूर्ण करने में अपर्याप्त होने के कारण रावण मृत्युजित नहीं बन सका।

पंचाग्नि-विद्या का रहस्य

छान्दोग्योपनिषद् में पंचाग्नि-विद्या का वर्णन किया गया है। पंचाग्नि-विद्या की विस्तृत चर्चा करने की तो यहाँ कोई आवश्यकता नहीं है, किन्तु हमें उस औपनिषदिक सिद्धान्त में छिपे हुए साधना के उन सूत्रों की धारणा करनी है, जिनके द्वारा एक अग्निसाधक शरीर में रहते हुए ही उस मुक्ति के पथ को प्राप्त कर लेता है, जिसके बारे में वेदों की घोषणा है- **न तस्य प्राणा उत्क्रामन्ति अत्रैव समवलीयन्ते**- (बृ. उ. 4/5/6) अर्थात् उस ब्रह्मज्ञानी के प्राण शरीर के बाहर (ऊर्ध्व लोकों में) नहीं जाते, बल्कि यहीं शरीर में ही लीन हो जाते हैं। वह तो शरीर में रहते हुए ही

विश्वातीत अवस्था को प्राप्त हो जाता है।' पाँच अग्नियों का ऋषियों ने बड़ा ही सुन्दर वर्णन किया है, जिनमें विभिन्न आहुतियाँ डाली जाती हैं।

(1) द्युलोक ही अग्नि है। सूर्य ही लकड़ी, किरणें धुआँ, दिन ज्वाला, चन्द्रमा अंगार और तारे विस्फुलिंग हैं।

(2) वर्षा ही अग्नि है। वायु लकड़ी, बादल धुआँ, बिजली ज्वाला, वज्र अंगार और गर्जन विस्फुलिंग हैं।

(3) पृथ्वी ही अग्नि है। सारा ऋतु चक्र लकड़ी, आकाश धुआँ, रात्रि ज्वाला, दिशाएँ अंगार तथा विस्फुलिंग हैं।

(4) पुरुष ही अग्नि है। वाणी लकड़ी, प्राण धुआँ, जीभ ज्वाला, आँखें अंगार तथा कान विस्फुलिंग हैं।

(5) स्त्री ही अग्नि है। उपस्थ ही लकड़ी, योनि ज्वाला, मैथुन अंगार तथा सुख विस्फुलिंग हैं।

अग्नि में डाली गयी आहुति अपना पूर्व रूप खोकर रूपान्तरित हो जाती है। उपनिषद् वर्णित इन पाँच अग्नियों से एक सृष्टि चक्र निर्मित होता है। सामान्य प्राणी तो उस एक ही अग्नि से परिचित है, जो लकड़ियों को डालने से पैदा होती है और जिससे अन्न पकाया जाता है। इसीलिए ऋषियों ने उस एक अग्नि का ही दृष्टान्त लेकर इन पाँच अग्नियों का वर्णन किया है। इन अग्नियों को हम दो भागों में बाँट सकते हैं:-

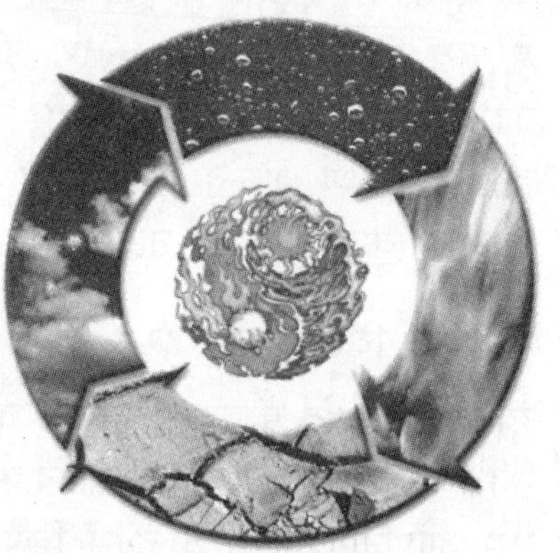

(1) पुरुष और स्त्री रूपी अग्नियाँ, तथा

(2) सूर्य, वर्षा और पृथ्वी रूपी अग्नियाँ

इनमें पुरुष और स्त्री रूपी अग्नि में पड़ी आहुतियों से जीव के शरीरों की सृष्टि होती है। जबकि सूर्य, वर्षा और पृथ्वी रूपी अग्नियों में पड़ी आहुतियों से शरीर के बाहर की सृष्टि की उत्पत्ति होती है।

इस उत्पत्ति क्रम का वर्णन इस प्रकार है:-

(1) पुरुष रूपी अग्नि में अन्न (जो पृथ्वी रूपी अग्नि से उत्पन्न होता है) की आहुति डालने से वीर्य की उत्पत्ति होती है। अन्न ही पुरुष की अग्नि से रस, रक्त आदि में रूपान्तरित होता हुआ वीर्य में परिणत होता है।

(2) फिर इस वीर्य की आहुति स्त्री रूपी अग्नि में डाली जाती है। इससे गर्भ की उत्पत्ति होती है, जो कि एक जीव के रहने का स्थान है।

(3) जीव के शरीर के सार सर्वस्व श्रद्धा की आहुति सूर्य रूपी अग्नि में डाली जाती है, तो सोम रस की उत्पत्ति होती है।

इनमें से पहली दो आहुतियों का ज्ञान तो एक सामान्य प्राणी को भी है, किन्तु इस तीसरी आहुति की धारणा करने की आवश्यकता है। **सूक्ष्माः आपः श्रद्धाभाविताः श्रद्धा उच्यन्ते** (शांकरभाष्य) अर्थात् अग्नि के द्वारा ऊर्ध्वगामी सूक्ष्म जल ही श्रद्धा रूप से भावित होने के कारण 'श्रद्धा' कहा गया है। गीता में भी कहा गया है– **सत्त्वानुरूपा सर्वस्य श्रद्धा भवति भारत। श्रद्धामयोऽयम् पुरुषोयो यच्छ्रद्धः स एव सः।** 'यह पुरुष श्रद्धा रूप ही है। जो पुरुष जैसी श्रद्धा वाला है, वह स्वयं वही है। सभी मनुष्यों की श्रद्धा उनके अन्तःकरण के अनुरूप होती है।'

यह तीसरी श्रद्धा रूपी आहुति एक सामान्य प्राणी, जो जन्म-मरण के चक्कर में फँसा हुआ है, शरीर में रहते हुए ही सूर्य में डालने में समर्थ नहीं हो सकता। उसके अन्तःकरण में इतनी शुद्धि नहीं होती कि वह तप तेज (ब्रह्मचर्य) के द्वारा अपने वीर्य की अधोगामिनी स्थूल प्रकृति को सूक्ष्म जल में रूपान्तरित करके ऊर्ध्वगामी बना सके। किन्तु शरीर के छूटने के समय तो शरीर के सार 'वीर्य' की गति ऊर्ध्वमुखी होती ही है (बेशक यह गति पूर्ण रूप से न हो) क्योंकि ऊर्ध्वगामी गति हुए बिना शरीर छूट ही नहीं सकता। उस समय ही शरीर के सार 'श्रद्धा' की आहुति सूर्य में पड़ती है।

(4) सूर्य-अग्नि से उत्पन्न 'सोम' की आहुति पर्जन्य रूपी अग्नि में पड़ती है। इससे वर्षा की उत्पत्ति होती है। इन आहुतियों के माध्यम से जीव की पुनर्जन्म की यात्रा चलती है।

(5) वर्षा की आहुति पृथ्वी रूपी अग्नि में पड़ती है। इस आहुति से अन्न की उत्पत्ति होती है। पृथ्वी की गति करने वाली जलधाराओं के माध्यम से जीव की चेतना का प्रवेश अन्नादि में होता है।

अन्नादि के माध्यम से जीव पहले पुरुष के शरीर में प्रवेश करता है। इसीलिए श्रुति कहती है– **'पुरुषे ह वा अयमादितो गर्भो भवति'** अर्थात् 'पुरुष ही पहले गर्भ धारण करता है। फिर उसके बाद जीव पिता के वीर्य के माध्यम से स्त्री के गर्भ में प्रवेश करता है।'

इस प्रकार इन पाँच अग्नियों में पड़ रही आहुतियों के माध्यम से एक जीव की जन्म-मरण की यात्रा चलती है। ध्यान रहे, जीव की ऊर्ध्वगति में साधन भी ये पाँच अग्नियाँ हैं, किन्तु यह तभी सम्भव है, जब पाँचों अग्नियों को कोई महासाधक तप तेज (ब्रह्मचर्य) की साधना के द्वारा अपने शरीर के अन्दर ही प्रचण्ड कर सके। **'यत् ब्रह्माण्डे तत् पिण्डे'** समस्त साधनाओं का सार यह अद्‌भुत सिद्धान्त है कि जो ब्रह्माण्ड में है, वही पिण्ड (शरीर) में भी है। देवी पार्वती आदि महायोगियों व किसी भी महायोगी ने इसी सिद्धान्त के अनुसार पंचाग्नि-साधनाएँ करके जरा-मरण रहित परमपद को प्राप्त किया है।

उपनिषदों में जीव के उत्क्रमण के दो मार्गों का वर्णन किया गया है। पहला मार्ग जन्म-मरण के चक्र वाला दक्षिणायन मार्ग उनके लिए है, जिनकी वीर्य शक्ति का अधोगमन होता है। दूसरा मुक्ति का उत्तरायण मार्ग ऊर्ध्वरेतस ब्रह्मचारियों तथा संन्यासियों का है।

प्रथम आहुति :- इस उत्तरायण मार्ग में प्रवेश करने के लिए एक साधक को अपने से भिन्न स्त्री रूपी अग्नि में हवन करने के स्थान पर अपने ही शरीर के अन्दर स्वाधिष्ठान चक्र में विद्यमान अग्नि में निज वीर्य का हवन करना होगा। यही है ऊर्ध्वरेतस ब्रह्मचारी बनने की साधना। स्त्री संग न करना ही पर्याप्त नहीं है, ब्रह्मचारी बनने के लिए। इसके लिए तो तप एवं संयम तथा सन्ध्या-ध्यान (अग्नि-क्रिया एवं सूर्य-क्रियायोग) के द्वारा नियमित अभ्यासों से अपने शरीर के अन्दर ही योगाग्नि को जाग्रत करना होगा। **यही वह प्रथम आहुति है, जिससे उत्तरायण की यात्रा**

शुरू होती है। वीर्य रूपी आहुति का स्वाधिष्ठान रूपी कुण्ड में पड़ना ही कुण्डलिनी शक्ति का जागरण है।

द्वितीय आहुति :- योग शास्त्रों में इससे सम्बन्धित साधना रहस्य की चर्चा करते हुए कहा गया है-

बीजं च पौरुषं प्रोक्तं रजश्च स्त्री समुद्भवम्।
अनयोर्बाह्ययोगेन सृष्टिः संजायते नृणाम्।

(हठयोग प्रदीपिका)

पुरुष के वीर्य को बीज तथा नारी के वीर्य को रज कहते हैं। इन दोनों का (अधोपतनपूर्वक) देह के बाहर (स्त्री के गर्भ में) योग होने से सन्तान की उत्पत्ति होती है।

यदा आभ्यन्तरयोगः स्यात्तदा योगीति गीयते।
बिन्दुश्चन्द्रमयः प्रोक्तो रजः सूर्यमयं तथा।
अनयोः संगमादेव जायते परमं पदम्।

(हठयोग प्रदीपिका)

यदि किसी व्यक्ति विशेष में शरीर के भीतर ही इन दोनों का योग हो जाये, तो वह योगी कहा जाता है। इन दोनों में बिन्दु चन्द्रमय है तथा रज सूर्यमय है। (स्त्री हो या पुरुष दोनों के शरीर में रज और वीर्य की विद्यमानता रहती ही है, बात केवल इतनी ही है कि पुरुष में वीर्य की प्रबलता होती है और स्त्री में रज की)। यदि अपने शरीर के ही अन्दर स्त्री या पुरुष कोई भी (ऊर्ध्वगमनपूर्वक) वीर्य और रज का योग स्थापित कर ले, तो वह उत्तरायण मार्ग पर आरूढ़ होकर अपने शरीर में रहते हुए ही परमपद प्राप्त कर लेता है; अथवा शरीर छोड़ने पर क्रम-मुक्ति का अधिकारी होता है।

शरीर के अन्दर ही वीर्य और रज अथवा चन्द्र और सूर्य के मिलन से ही दूसरी आहुति सिद्ध होती है। इस द्वितीय आहुति के द्वारा मूलाधार से ऊपर उठ रही कुण्डलिनी शक्ति का मस्तक में प्रवेश हो जाता है। इस आहुति का कुण्ड मस्तक में है अर्थात् मस्तक में द्युलोक प्रकट हो उठता है। शरीर त्यागने के समय तो जन्म-मृत्यु के चक्कर में पड़े जीव यह आहुति डालते हैं, किन्तु योगियों के द्वारा शरीर में रहते ही यह आहुति सिद्ध होती है। उपनिषद् वाणी भी है:-

"तस्य ह वा एतस्यात्मनो वैश्वानरस्य मूर्धैव सुतेजाश्चक्षुर्विश्वरूपः ...."

(छान्दोग्यापनिषद्)

अर्थात् 'उस इस आत्मा का द्युलोक सिर है, सूर्य नेत्र ....।' इस प्रकार इस दूसरी आहुति में शरीर का सार-सर्वस्व ही मूलाधार से ऊर्ध्वगामी होता हुआ भगवद्भक्ति व श्रद्धा से भावित होकर मस्तक के अन्दर लीन होता है। यही है श्रद्धा की द्युलोक में आहुति। इससे सोम की उत्पत्ति होती है। 'सोम' ही तेजोमय अमृत है। **'अग्निषोमात्मकं जगत्'** इस वाणी में जिस अग्नि और सोम से आन्तर-बाह्य जगत् की रचना की बात कही गयी है, यह वही सोम है तथा अग्नि वह जिससे सोम की उत्पत्ति होती है।

तृतीय आहुति :- महायोगी के शरीर में ही इस सोम की आहुति 'पर्जन्य' में पड़ती है। उपनिषद् के अनुसार इस पर्जन्य या वर्षा का ईंधन है 'वायु', विद्युत ज्वाला है, वज्र अंगार है तथा गर्जना को ही विस्फुलिंग कहा गया है।

द्वितीय आहुति के फलस्वरूप मस्तक विशेष क्रियाशील हो उठता है। तब समस्त इन्द्रिय छिद्रों से बाहर की ओर गति कर रही प्राणवायु की धारा उलट कर बरबस ही मूर्द्धा की ओर गति करने लगती है। इस अन्तर्मुखी प्राण-धारा से अनेक प्रकार के नाद योगी के शरीर में प्रकट हो उठते हैं। नाद ही नेत्रों के पीछे घनीभूत होकर कई प्रकार की ज्योतियों का आकार धारण करते हैं। ध्यान की अवस्था में योगी नाद और ज्योति का दर्शन करता हुआ समाधि में प्रवेश कर जाता है।

समाधि की अवस्था में एक बार तो वायु मूर्द्धा में स्तम्भित हो जाती है, लेकिन उसके बाद वहाँ से सुषुम्नापथ के माध्यम से गति करती हुई यह वायु मस्तक से झर रहे 'सोम' का संचार सारे शरीर में करने लगती है। यही है तृतीय आहुति। **एक महायोगी के लिए तृतीय आहुति का अर्थ है, मस्तक के सोमकुण्ड से अमृत की धाराओं (दिव्य वर्षा) का सुषुम्ना पथ द्वारा शरीर में प्रवेश।**

गोरख, कबीर, नानक, चरणदास आदि अनेक सन्तों ने शरीर में हो रही अमृत-वर्षारूपी तृतीय आहुति का बहुत ही सुन्दर वर्णन अत्यन्त सरल भाषा में किया है। भक्त नामदेव कहते हैं:-

अणमड़िआ मन्दलु बाजै। बिन सावण घनहरु गाजै।
बादल बिन बरखा होई। जऊ ततु बिचारै कोई।।

(गु.वा. पृ. 657)

अर्थात 'बिना पर्दे के ही ढोल बजने लगा। बिना सावन के ही बादल गर्जने लगे। बिना बादलों के ही वर्षा होने लगी। कोई विरला ही इन अलौकिक घटनाओं के रहस्य की धारणा कर सकेगा।'

वस्तुत: ये बातें कानों से सुनकर और बुद्धि से चिन्तन करके धारणा करने के योग्य नहीं हैं। इन्हें तो वही धारण करेगा, जिसने अपनी समस्त चित्त-वृत्तियों को सब ओर से समेट कर अपने शरीररूपी पिण्ड के ही अन्दर एक धारा के रूप में प्रवाहित करने की ठान ली है।

चतुर्थ आहुति :- धरती की अग्नि में वर्षा की आहुति ही चतुर्थ **आहुति है। यहाँ धरती है महायोगी का पंचभौतिक शरीर। इस धरती की अग्नि है नाभिकुण्ड में प्रचण्ड हो रही योगाग्नि तथा वर्षा है सहस्त्रार के चन्द्रमण्डल से झर रहा अमृतरस।** इस अमृतरस की मूलधारा का पथ है, सुषुम्ना। यह सुषुम्ना ही समस्त शरीर की वह केन्द्रीय नाड़ी है, जिसका विस्तार मूलाधार से ब्रह्मरन्ध्र पर्यन्त है तथा यह है भी अग्निरूपा।

अमृतरस से अग्नि की वृद्धि होती है और अग्नि की वृद्धि से अमृत की। यही वह अमृत-रसरूपा अग्नि है, जो योगी के समस्त शरीर में व्याप्त हो जाती है। यह वह साधारण अग्नि नहीं है, जो स्थूल लकड़ियों के जलाने से प्रकट होती है तथा भौतिक पदार्थों को दग्ध करती है। वस्तुत: यह तो वह अग्नि है, जिससे योगी के शरीर का निर्माण होता है। रसरूपा यह तेजोमयी अग्नि ही योगी का आहार है।

जिस प्रकार स्थूल अन्न-जल से मरणधर्मा शरीर की रस-रक्त आदि धातुओं का निर्माण होता है, उसी प्रकार तेजोमयी अग्नि से जरा-व्याधि मुक्त शरीर के उपादानों का निर्माण होता है। मृत्युंजयी शरीर रचना का सूत्र यही शक्तिसम्पन्न तत्त्व है।

पंचम आहुति :- जिस प्रकार पृथ्वी से उत्पन्न अन्न की मानवशरीर में आहुति पड़ने से शरीर का सार-सर्वस्व वीर्य निर्मित होता है। उसी **प्रकारऊर्ध्वमुखी हुए पाँचों तत्त्वों के अणुओं की एक महायोगी के वास्तविक स्वरूप परमतत्त्व में आहुति पड़ने पर परम-वीर्यरूपा परमात्मा शिव की शक्ति मानवशरीर में ही पूर्ण जाग्रत हो जाती है। यही पंचम आहुति है।** इससे शक्ति का शिव में और फिर शिव का शक्ति में मिलन होता है। ब्रह्माण्ड ही पिण्ड में लीन हो जाता है। यही परमोच्च स्थिति है।

निस्सन्देह यह एक दुर्लभ अवस्था है। हम पूर्व में चर्चा कर चुके हैं कि भगवती पार्वती ने सहज यह अवस्था प्राप्त की। दूसरी ओर रावण व कुम्भकर्ण ने भी कठोर अग्नि-साधनाएँ तो कीं, किन्तु फिर भी वे इस अवस्था को प्राप्त नहीं कर सके; शरीर में रहते हुए ही मृत्यु के बन्धन से वह मुक्त नहीं हो सके।

क्रम-मुक्ति और सद्य-मुक्ति

जो योगी अपने शरीर में ही वीर्य की मूलाधारस्थ अग्नि में आहुति देने में सफल हो जाता है, वह क्रम-मुक्ति के पथ पर तो आरूढ़ हो ही जाता है, यदि वह ऊर्ध्वगामी निज-चेतना को श्रद्धा (ईश्वरार्पण बुद्धि) भाव से भावित करके मस्तकस्थ द्युलोक में आहुति दे सके, तो निस्सन्देह वह पुनरागमन से मुक्त होकर शरीर छोड़ने के अनन्तर तपः, महः, जनः आदि लोकों में ऊर्ध्वगति करता हुआ, ब्रह्मलोक में जाकर पूर्ण मुक्ति को प्राप्त कर लेगा। ऐसे व्यक्ति के प्राण अन्तिम समय में मस्तक का भेदन करके निकलते हैं, न कि आँख, कान, नाक आदि इन्द्रिय छिद्र से।

दूसरी ओर अत्यन्त विरले महायोगी जो शरीर में रहते हुए ही बाकी तीन आहुतियों को भी अपने शरीर में ही देने में समर्थ हो जाते हैं, वे शरीर में रहते हुए ही पूर्णत्त्व को प्राप्त हो जाते हैं। उनके प्राण शरीर छोड़कर कहीं नहीं जाते। **'न तस्य प्राणाः उत्क्रामन्ति'** उनके प्राणों का उत्क्रमण नहीं होता, यह श्रुतिवाक्य ऐसे महापुरुषों के लिए ही है। यही सद्य-मुक्ति है।

शरीर में रहते हुए ही प्राप्त इस सद्य-मुक्ति की भी उत्तरोत्तर श्रेष्ठ दो अवस्थाएँ हैं। अधम अवस्था में जब किसी महाप्राण साधक की मर्त्यलोक को छोड़ने की इच्छा होती हैं, तो वह अपने शरीर के अन्दर ही समस्त लोकों की यात्रा करता हुआ, शरीर में से ब्रह्मलोक से पार पहुँचकर ब्रह्ममय स्थिति प्राप्त कर लेता है। उसके प्राणों को शरीर के केन्द्र ब्रह्मरन्ध्र से निकलकर उत्तरोत्तर उच्च लोकों में गमन करते हुए ब्रह्मलोक से पार स्थिति लाभ करने की आवश्यकता नहीं रहती। इस प्रक्रिया से ब्राह्मी-स्थितिलाभ करते समय उसका स्थूलशरीर भले ही पीछे रह जाता है।

इससे भी उन्नत स्थिति वह है, जब वह शरीर में बने हुए ही सर्वलोकों में व्याप्त रहता हुआ ब्रह्मलोकादि समस्त लोकों से पार ब्राह्मी-स्थिति में अवस्थित रहता है। निस्सन्देह यह अत्यन्त दुर्लभ स्थिति है। यह अवस्था तभी सम्भव है, जब महाप्राण योगी का शरीर भी भूख-प्यास, सर्दी-गर्मी, जरा-व्याधि तथा मरण आदि सभी बाधाओं पर पूर्ण विजय प्राप्त कर चुका होता है। तब यदि ऐसा महापुरुष मर्त्यलोक से प्रयाण करेगा, तो पीछे कोई शरीर शेष नहीं रहेगा, वह तो मर्त्यलोक से केवल अन्तर्धान ही होगा।

यह स्थिति उसी को प्राप्त होनी सम्भव है, जो शरीर में रहते हुए ही पाँचों आहुतियों को पंचाग्नि में भली प्रकार से दे चुका होगा, बल्कि उसकी इस महासाधना में शरीर के बाहर और भीतर की पंचाग्नियों में अभेद भी स्थापित हो चुका होगा। वस्तुतः यह अभेद स्थिति उस अवस्था की परिचायिका है कि उसने शरीर के अन्दर स्थित पंचाग्नियों की साधना में सिद्धि प्राप्त कर ली है। ऐसा महापुरुष ईश्वरतुल्य ही होगा। ईश्वर का ऐश्वर्य उसमें ईश्वरीय विधानानुसार लीला कर रहा होगा।

ब्रह्माण्डीय तथा शरीरस्थ अग्नियों के मिलन की साधना

यद्यपि साधना की पूर्णावस्था में तो शरीरस्थ आन्तर तथा ब्रह्माण्डीय अग्नियों में अभेद स्वाभाविक होगा (बिना अभेद स्थिति के ईश्वरी शक्ति का पूर्ण अवतरण तो किसी घट में सम्भव भी नहीं है) तथापि कुछ

शक्तिशाली साधक महायोग के पथ पर आरूढ़ होने के उपरान्त आन्तर साधनाओं के साथ-साथ उत्तरोत्तर विकसित होती अपनी चेतना की आहुति ब्रह्माण्डीय बाह्य अग्नियों में भी देने की साधना करते हैं। ध्यान रहे, इन शक्तिशाली साधनाओं में उन्हीं उन्नत साधकों का अधिकार है, जो ऊर्ध्वरेतस ब्रह्मचारी हैं तथा जिनमें ईश्वरार्पित बुद्धि से सम्पुटित श्रद्धाभाव की प्रबलता भी है।

पंच अग्नियों में से, बाहर ब्रह्माण्ड में ही विशेष रूप से विद्यमान तीन अग्नियाँ हैं:- (1) वर्षा में व्याप्त अग्नि, (2) धरती में व्याप्त अग्नि, (3) द्युलोक में व्याप्त सूर्य-चन्द्रमयी अग्नि।

एक महायोगी द्वारा पूर्व वर्णित शरीर के अन्दर ही की जाने वाली अन्य दो आन्तर अग्नियों की साधना के साथ-साथ यदि कोई महासाधक इन तीन अग्नियों को भी अपने शरीर के ही अन्दर आकृष्ट करने की महासाधना कर सके, तो वस्तुतः वह महायोग की साधना कर रहा होगा।

इन साधनाओं का प्रारम्भ तब होता है, जब कोई साधक (1) इष्ट-मन्त्र में तन्मयतापूर्वक एकाग्र-वृत्ति का लाभ कर लेता है। (2) वीर्यशक्ति का ऊर्ध्वगमन प्रारम्भ हो चुकता है, अर्थात् वह अपने वीर्य की स्वाधिष्ठान केन्द्र की अग्नि में प्रथम आहुति दे चुका होता है। (3) वीर्यशक्ति के ऊर्ध्वगमन के कारण मूलाधार से उसकी चेतना सुषुम्ना पथ से ऊपर उठ रही होती है। फलस्वरूप अब उसको स्थूल आहार भक्षण की कोई आवश्यकता नहीं रहती और वह जलादि पेय पदार्थ ही ले रहा होता है।

ऐसी स्थिति प्राप्त कर लेने के अनन्तर वह महासाधक अपने चारों ओर अग्नि के धूने प्रचण्ड करके उनके मध्य आसन जमा लेता है तथा सिर के ऊपर दिन के समय सूर्य और रात्रि में चन्द्रमा से सम्बन्ध जोड़े रखता है।

इस प्रकार चारों दिशाओं में धूनों के माध्यम से धरती की अग्नि तथा मस्तक में अवतरित हो रही द्युलोक की सूर्य-चन्द्रमामयी अग्नि को एक महायोगी का शुद्ध हुआ शरीर अपनी चेतना में ध्यान-साधना के द्वारा

आत्मसात् करता रहता है। तदनन्तर शरीर के सार-सर्वस्व वीर्य के साथ उसकी अंगभूत अन्यान्य धातुएँ इस प्रचण्ड अग्नि के माध्यम से ऊर्ध्वगामी होने लगती हैं। **यही है भगवती कुण्डलिनी शक्ति का जागरण।**

ऐसी साधना सम्पन्न योगी बरसात की ऋतु में जब वर्षा की धाराओं के नीचे बैठता है, तब वह वर्षा की अग्नि को अपने शरीर में आत्मसात् कर रहा होता है। उसके शरीर के अन्दर ही इतनी अग्नि प्रचण्ड हो चुकी होती है कि वर्षा आहुति बनकर शरीर में प्रचण्ड हो चुकी योगाग्नि में प्रवेश करती है। इस आहुति से योगी के शरीर का पोषण होता है। ऐसी अवस्था में उसे मुँह के द्वारा जल-पान करने की भी आवश्यकता नहीं रहती। स्थूल आहार ग्रहण करने से तो वह पहले ही मुक्त हो चुका होता है और अब तो वह जल की आवश्यकता से भी मुक्त हो जाता है।

वर्तमान युग का एक ज्वलन्त उदाहरण

वर्तमान में गुजरात के प्रसिद्ध सन्त 'प्रह्लाद जानी' उर्फ 'चुनरीवाले माताजी' अन्न व जल कुछ भी ग्रहण नहीं करते। उनकी ऐसी स्थिति अनेक वर्षों से है। उनका दृष्टान्त हम इसलिए दे रहे हैं, क्योंकि अहमदाबाद के डाक्टरों की विशेष टीम ने उनको दिन-रात अपने निरीक्षण में एक कमरे में रखा और पाया कि उनका दावा बिल्कुल सही है। थोड़ा स्नान के द्वारा ही उनका शरीर जल का शोषण कर लेता है और उन्हें अलग से जल का पान करने की भी आवश्यकता नहीं रहती है। जिसे जल की भी आवश्यकता नहीं, वह निश्चित ही अन्न आदि स्थूल आहार की आवश्यकता से तो पहले ही मुक्त हो चुका होता है, यह तो किसी भी साधक की समझ में आ ही जाना चाहिए। प्रह्लाद जानी 85 वर्ष की आयु में भी पूर्ण निरोग तथा स्वस्थ हैं। आबू पर्वत में अम्बादेवी के पास ही गब्बर गुफा

में निर्मित मन्दिर में प्रत्येक पूर्णिमा को किसी भी व्यक्ति से मिलने में वे संकोच नहीं करते।

अवश्य ही इससे उन्नत अवस्था भी है, जब शरीर के अन्दर ही इतनी अधिक मात्रा में अमृत की वर्षा होने लगती है कि बाहर से वर्षा जल की आहुति डालने की भी पराधीनता नहीं रहेगी।

अन्न-जल की भी आवश्यकता से मुक्त हुए महायोगी के शरीर में इतनी अधिक अग्नि प्रचण्ड हो उठती है कि उसका सारा शरीर ही योगाग्निमय बन उठता है। इस अवस्था में वह योगी जब शीत ऋतु में ठण्ढे जल के भीतर बैठता है, तब उसके शरीर द्वारा शोषित शीतमयी जल की सूक्ष्म तरंगे शरीर के अन्दर जाती-जाती सोमरस में रूपान्तरित होकर मस्तक से अमृतवर्षा के रूप में झरने लगती हैं। यही है सोमरस की बादलों में पड़ रही आहुति, जिससे शरीर के अन्दर ही उस अमृत का झरना झरने लगता है, जिससे शरीर का नवनिर्माण होता है।

एक ओर नाभिकुण्ड से उठ रही प्रचण्ड अग्नि की धारा तथा दूसरी ओर ऊपर से हो रही अमृत की मूसलाधार वर्षा, इन दोनों के योग से शरीर इतना शुद्ध और चैतन्य हो उठता है कि अन्न-जल की तो आवश्यकता से वह पूर्ण मुक्त होता ही है, स्नानादि के द्वारा भी जल की आवश्यकता नहीं रहती, अब वह वायुभक्षी बन जाता है। यहाँ तक कि लम्बे-लम्बे समय तक उसे वायुभक्षण की भी आवश्यकता नहीं रहती। इस समय उसका शरीर अद्‌भुत रूप-लावण्य सम्पन्न होकर भूख-प्यास, सर्दी-गर्मी, जरा-व्याधि एवं मृत्यु से भी मुक्त अवस्था को प्राप्त होता है। वस्तुतः तब आत्मा और परमात्मा में ही अभेद नहीं होता बल्कि आत्मा, परमात्मा एवं शरीर भी आपस में घुले-मिले अभेद स्थिति को प्राप्त होते हैं।

गम्भीर साधकों की प्रचुरता का अभाव

एकबारगी तो यही लगता है कि इतनी कठिन साधनाएँ कलियुग में तो असम्भव ही होंगी। बेशक धूने तापने वाले, जल धाराएँ लेने वाले तथा बर्फानी जल में बैठकर जप करने वाले यहाँ-वहाँ सरलता से तो नहीं मिलते, फिर भी ऐसे साधकों का बिल्कुल अभाव हो ऐसी भी बात नहीं

है। यद्यपि इन साधनाओं में सिद्धिप्राप्त योगियों का तो प्रायः अभाव ही लगता है। देखने में आता है कि धूनियाँ तापने वालों के शरीरों में कोई विशेष रूपान्तरण या दिव्यता की प्रतीति नहीं होती। कई बार तो ऐसे साधक नशे के गुलाम भी हो जाते हैं। योग का तो कोई चिह्न भी उनके शरीर, वाणी या व्यवहार में परिलक्षित नहीं होता। इस अभाव के दो कारण ही मुख्य हो सकते हैं:-

(1) **पहला प्रमुख कारण है, साधना के सूक्ष्म रहस्यों का ज्ञान न होना।** साधकों द्वारा धूने तापने तथा जलधाराएँ लेने को केवल शारीरिक तप की सीमा में ही बाँधे रखना तथा इनके द्वारा शरीरस्थ अग्नियों को प्रचण्ड करने की साधना कैसे की जाती है, इसकी जानकारी न होना। साथ ही धूने की अग्नि को मुख, नेत्रों, हाथों आदि के द्वारा भक्षण कैसे किया जा सकता है, इस साधना-विज्ञान का अज्ञान तथा उसकी खोज की प्रवृत्ति का न होना।

कुछ साधकों को इस तथ्य का तो संज्ञान रहता है कि नाभिकुण्ड की अग्नि में वीर्य की आहुति डालने से शक्ति का ऊर्ध्वगमन होने लगता है। वे इसके लिए प्राणायाम, जप, संयम आदि की आन्तरिक साधनाएँ करते भी हैं, किन्तु शरीर के बाहर अग्निकुण्ड में प्रज्वलित अग्नि को आन्तर योगाग्नि में कैसे सहयोगी बनाया जा सके, इसका ज्ञान न होने के कारण कई बार वे अग्नि-साधनाओं को कोई महत्त्व नहीं देते। कई बार तो वे यही समझते हैं कि साधुओं के धूने तो सर्दी दूर करने के साधन मात्र हैं, या कभी-कभी गर्मियों में इनके द्वारा कुछ साधु गर्मी सहने का तप करते हैं।

(2) **दूसरा मुख्य कारण है, कलियुगी शरीर।** कुछ अग्निसाधक धूने की अग्नि को साक्षात् परमात्मा का ही स्वरूप मानकर अग्नि के सम्मुख बैठकर जप-तप की सभी साधनाएँ करते हैं, किन्तु फिर भी वे योगारूढ़ नहीं बन पाते। वे इतने सामर्थ्यवान नहीं हो पाते कि सीधे अग्नि का ही भक्षण कर सकें और इस प्रकार अन्न-जल की पराधीनता से ही पूर्णतया मुक्त हो जायें।

पूर्व युगों की अपेक्षा कलियुगी शरीरों के प्राण तो अन्न के ही आश्रित हैं, क्योंकि उनमें पृथ्वी और जल तत्त्वों के अणुओं की प्रधानता है। अन्न के भोजन की पराधीनता के कारण नाभिकुण्ड में विद्यमान 'अग्नि का केन्द्र' पृथ्वी और जल के अणुओं से ढका रहता है। इस कारण कई बार प्राणायाम आदि की साधनाएँ या अग्नि-साधना करते रहने पर भी मूलाधारस्थ अग्नि और बाहर प्रज्वलित अग्नि में योग स्थापित नहीं हो पाता। जैसे यदि गीली और कच्ची लकड़ी को जलाने की कोशिश की जाये, तो उसमें से धुँआ ही अधिक निकलता है, अग्नि की लपटें नहीं। वैसे ही निरन्तर अग्नि के सान्निध्य में विभिन्न साधनाएँ करते रहने पर भी पृथ्वी और जल की स्थूलता से ढकी मूलाधारस्थ अग्नि पूरी प्रचण्ड नहीं हो पाती।

कलियुग में भी सम्भव ये घटनाएँ

हम पहले ही लिख चुके हैं कि पंचाग्नि की पूर्ण शुरुआत तो तभी होती है, जब साधक स्थूलआहार से मुक्ति पा चुका होता है और वीर्यशक्ति के ऊर्ध्वगमन की प्रक्रिया शुरू हो चुकी होती है। कलियुगी शरीरों में भी यह स्थिति प्राप्त करना यद्यपि बिल्कुल सम्भव है तथापि इसके लिए विशेष साधना और मार्गदर्शन की आवश्यकता है।

ऐसी स्थिति प्राप्त होने के बाद विशेष विधि से किया गया मुख, आँखों तथा हाथों के द्वारा अग्नि का संयोग, मूलाधार तक अग्नि को ले जाने का प्रबल साधन बन जायेगा और धीरे-धीरे साधक अग्नि का भोजन व अग्नि-स्नान करने का अधिकार प्राप्त कर लेगा।

यहाँ यह लिखना अप्रासंगिक न होगा कि जब तक ऐसी स्थिति प्राप्त नहीं होती, तब तक एक सामान्य साधक या रोगी शरीरी भी अग्नि-क्रियायोग का विधिवत् अभ्यास करने से बेशुमार लाभ प्राप्त कर सकता है; शरीरस्थ जठराग्नि को प्रचण्ड करके रोग मुक्ति की सामर्थ्य अपने शरीर में जगा सकता है। इसमें तथ्य यह है कि जब तक शरीर अन्नादि का गुलाम है, तब तक अग्नि-साधना जठराग्नि प्रचण्ड करने का साधन बनेगी और जब कोई योगी अन्न की गुलामी से मुक्त हो गया है,

तब अग्नि-साधना जाग्रत हुई कुण्डलिनी शक्ति में इतना वेग भर देगी कि साधक अमृतपान का अधिकारी बन जायेगा।

अब प्रश्न यह है कि स्थूल अन्न से मुक्ति प्राप्त करने का कलियुगी शरीरों में भी क्या कोई सरल सहज उपाय है?

निस्सन्देह ऐसा उपाय है। **यह उपाय है 'सिद्धामृत सूर्य-क्रियायोग'। इस साधना में सूर्य और चन्द्र में विद्यमान द्युलोक की अग्नि का मस्तक के साथ सम्बन्ध स्थापित किया जाता है।** इसके द्वारा मूलाधारस्थ अग्नि को प्रज्वलित करने से पूर्व ही (अथवा मूलाधारस्थ अग्नि को प्रचण्ड करने के लिए) मस्तक में स्थित अग्निमयी रसधारा में प्रबलता पैदा करने की साधना की जाती है। वस्तुतः यही तो सनातन ऋषियों द्वारा अनुमोदित वैदिक सन्ध्या का सिद्धान्त है। इस सनातन साधना को ही वर्तमान समय में 'सिद्धामृत-सूर्य-क्रियायोग' का नाम दिया गया है।

वैसे भी पंचाग्नि-साधना के पाँच धूनों में चार धूने तो शरीर के चारों तरफ प्रज्वलित किये जाते हैं तथा पंचम विशेष धूना मस्तक के ऊपर प्रज्वलित ज्योतिर्मय सूर्य व चन्द्र का तेजोमय धूना ही होता है। इस पंचम स्रोत से सम्बन्ध जोड़े बिना धूने की साधना सदा अधूरी ही रहती है।

सिद्धामृत सूर्य-क्रियायोग की साधना में तो आँखों के पथ से सूर्य के शक्तिशाली तेज को मस्तक में धारण किया जाता है। यह तेज आँखों के पथ को अन्तर्मुखी करता हुआ द्युलोक को मस्तक के अन्दर ही प्रकट कर देता है। मस्तकस्थ द्युलोक में प्रविष्ट हुई साधक की चेतना ही द्युलोक में पड़ने वाली वह श्रद्धारूपी आहुति है, जिससे सोमरस की उत्पत्ति होती है। इस सोमरस के पान से शरीर का पोषण होता है। समय पाकर गम्भीर 'सूर्य-क्रियायोगी' स्थूल अन्न की आवश्यकता से ही मुक्त हो जाता है। बेशक यह स्थिति साधना की समाप्ति नहीं है, बल्कि यहाँ से तो यह साधना उत्तरोत्तर और गम्भीर होने लगती है। (विशेष जानकारी के लिए आश्रम से प्रकाशित पत्रिका 'कुण्ड-अग्निशिखा' तथा पुस्तक महल से ही प्रकाशित 'सिद्धामृत सूर्य-क्रियायोग' पुस्तक देखें।)

पंचाग्नि-साधना की प्रारम्भिक रूपरेखा

इस साधना में 3-4 फुट की दूरी पर आमने-सामने तथा दायें-बायें चार अग्निकुण्डों का निर्माण किया जाता है। इस साधना का व्रत लेकर मध्य में अग्निसाधक बैठता है। यह साधना दिन अथवा रात दोनों समय की जाती है। साधक अपने अधिकार तथा सामर्थ्य के अनुसार ही इसका समय निर्धारित करता है कि सर्दी या गर्मी कब उसे यह साधना करनी है। इस साधना के दौरान अग्निसाधक को आहार का विशेष ध्यान रखना होगा। गरिष्ठ और स्थूल आहार को छोड़कर पेय पदार्थों का उसे सेवन करना चाहिए। साधना के दौरान भी आवश्यकता पड़ने पर जल का सेवन किया जा सकता है। आवश्यकतानुसार जल का सेवन करने से या बीच-बीच में जल के छींटे सारे शरीर पर डालते रहने से अग्नि-ज्वाला का शरीर में सहज प्रवेश हो सकेगा। समय की सीमा को धीरे-धीरे 1 घण्टे से बढ़ाते हुए 3-4 घण्टे तक किया जा सकता है।

विशेष अनुष्ठानों की बात अलग है, जबकि एक साधक थोड़े दिनों के लिये लगातार यह साधना करता है। अन्यथा सप्ताह में एक या दो दिन की साधना भी प्रारम्भिक साधक के लिए पर्याप्त रहती है। यह साधना अकेले या समूह में भी की जा सकती है। एक या एक से अधिक चार साधक तक परस्पर पीठ करके मुख-नेत्रों को अग्निकुण्ड की सीध में रखते हुए जप-ध्यान की साधनाएँ करते हैं। सामूहिक साधना की विशेषता यह होगी कि अग्निकुण्ड से निकलते तेज को आत्मसात् करने के साथ-साथ साधकों के शरीरों से निकल रही विद्युतमयी तेज किरणों का भी परस्पर आदान-प्रदान होता रहेगा।

ऐसे कई अच्छे साधकों के बारे में सुना है कि वे एक निश्चित मौसम में अपने चारों ओर बड़े-बड़े लकड़ी के गट्ठरों का घेरा डलवा देते थे और बीच में स्वयं बैठे रहते थे। एक सेवक की यही सेवा रहती थी कि चारों तरफ अग्नि को प्रज्वलित रखे ताकि अग्नि बुझने न पाये। कई दिन वे अग्नि ज्वालाओं के मध्य बैठे जप-ध्यान करते रहते थे। वस्तुतः समय-समय पर ऐसी साधनाएँ करते रहने से बड़ी तीव्रता से शरीर की शुद्धि होती है।

कई साधुओं का धूना तो निरन्तर जलता ही रहता है। धूने के सान्निध्य में किये गये सारे कृत्य ही उनकी साधना बन जाते हैं।

सन्तवाणी में प्रचलित अग्नि-साधना का सूत्र

गोरख, कबीर, नानक, चरणदास आदि अनेक सन्तों ने अग्निसाधना की चर्चा की है। गुरुवाणी अग्नि-साधना के रहस्य तथा फल की चर्चा करते हुए कहती है :-

सो पाखण्डी जि काइआ पखाले॥
काइआ की अगनि ब्रहमु पर जाले॥
सुपनै बिंदु न देई झरणा॥
तिस पाखण्डी जरा न मरणा॥

(पृ.-952)

खण्डमत के कापालिकों को अग्नि-साधना का रहस्य समझाते हुए गुरु कहते हैं कि वास्तविक अग्नि-साधना की प्रथम सीढ़ी है, शरीर को शुद्ध करना। शरीर को स्थूल मल की जड़ता से तो मुक्त करना ही है (यह तब होगा जब शरीर स्थूल भोजन की आवश्यकता से मुक्त हो जायेगा) पर इसके बाद सूक्ष्म मल वीर्य के अधोगामी प्रवाह में भी बाँध लगाकर इसे ऊर्ध्वगामी बनाना होगा। इस प्रकार शरीर में विशेष अग्नि का जागरण होता है। शरीर के अन्दर प्रचण्ड हुई यह विशेष अग्नि ही वह आधार है, जो पंचाग्नि-साधना की सार सर्वस्व है। इस अग्नि को प्रचण्ड किये बिना सच्ची अग्नि-साधना नहीं हो सकती। इस काया की अग्नि में ब्रह्म की आहुति दी जाती है।

ब्रह्म एक व्यापक सत्ता है, जो नाना नाम और रूपों में प्रकट होता है। भगवन्नामों में तो वह ब्राह्मी चेतना प्रकट ही है, इसके साथ-साथ मस्तकस्थ चन्द्रमण्डल में भी ब्रह्मज्योति ही प्रकाशित होती है। इतना ही नहीं धरती, वर्षा, आकाश तथा वायु में भी वही व्याप्त है। धरती, वर्षा, वायु, आकाश तथा अग्नि, इतना कहने से ही पाँच तत्त्वों की धारणा हो जाती है अर्थात् सबमें व्याप्त ब्राह्मी-सत्ता से सम्बन्ध जुड़ जाता है। इस प्रकार ब्रह्मज्ञ गुरुओं ने अपनी अनोखी वाणी में केवल दो सूत्रों में ही सारी अग्नि-साधना को कह दिया है:-

पहला है- **'जिन काइआ पखाले'**, और दूसरा है- **'काइआ की अगनि ब्रहमु पर जालै'।**

काया के प्रक्षालन (शुद्ध) करने से योगाग्नि प्रचण्ड होती है। तब इस प्रचण्ड हुई अग्नि में ब्रह्म की आहुति दी जाती है। 'जो ब्रह्माण्डे सोई पिण्डे' के सिद्धान्तानुसार ही धरती, वायु, वर्षा तथा आकाश-इन शब्दों की व्याख्या की जानी चाहिए।

योग-अग्नि में शरीर के अन्दर और बाहर के बाकी के चारों तत्त्वों की आहुति देने से उपनिषदों में वर्णित पंचाग्नि-विद्या की साधना सिद्ध हो जाती है। इस साधना की पुनः चर्चा करने की तो अब कोई आवश्यकता नहीं है। सुधी पाठक पूर्व प्रसंगों के साथ वर्तमान चर्चा का मिलान करके गुरुवाणी के रहस्यों की धारणा कर सकेंगे।

सुपनै बिंदु न देई झरणा। तिस पाखण्डी जरा न मरणा॥

बिन्दु का अर्थ है घनीभूत हुआ तेजोमय वीर्य, जो चन्द्रमय होता है और उसका शरीर में केन्द्र है- मस्तक। अग्नि-साधना में सिद्ध साधक का वीर्य चन्द्रमण्डल में केन्द्रित रहता है, वहाँ से उसका सम्बन्ध 'ब्रह्मद्वार' के पथ से समस्त ब्रह्माण्ड तथा ब्रह्माण्ड से पार की सत्ता से होता है। ऐसी स्थितिलब्ध महापुरुष की चेतना जाग्रत अवस्था की तो बात क्या, स्वप्न में भी इन्द्रिय छिद्रों से बहिर्गामी नहीं होती। फलस्वरूप वह साधक केवल बुद्धि से ही नहीं तन, मन, प्राण से भी ब्रह्म में सदा एकाकार हुआ वृद्धावस्था ही नहीं, मृत्यु से भी मुक्त हो जाता है। वह तो वस्तुतः शरीर में रहता हुआ भी, धराधाम पर विचरण करता हुआ भी ईश्वरतुल्य होता है।

अग्नि क्रिया से कुण्डलिनी जागरण

यज्ञरूपी ध्यान-साधनाएँ

जब कभी किसी यज्ञ की चर्चा होती है, तो आँखों के सामने प्रचण्ड अग्नि की ज्वालाओं में आहुतियाँ डाल रहे साधकों का चित्र मानसपटल पर उभरने लगता है। प्रायः यह धारणा है ही कि अग्नि-प्रज्वलन और यज्ञ, दोनों का परस्पर निगूढ़ सम्बन्ध है।

दूसरी ओर हम पंचाग्नि-साधना के प्रकरण में देख ही चुके हैं कि अग्नि केवल मात्र वही नहीं होती, जो लकड़ियों में से निकलती है। अग्नि तो ब्रह्माण्ड भर में व्याप्त वह ऊर्ध्वमुखी चेतना-धारा है, जो विभिन्न तत्त्वों को अपने में समाहित करके उन्हें रूपान्तरित करने की शक्ति रखती है। इसी प्रकार लकड़ियों में से प्रज्वलित हो रही अग्नि-ज्वालाओं में ही आहुतियाँ डालने मात्र का नाम यज्ञ नहीं है। यज्ञ तो इससे बढ़कर भी बहुत कुछ है। यज्ञ का सही अर्थ है, अग्नि के माध्यम से अपनी आहुति को (वस्तुतः स्वयं अपने आप को ही) भगवान् तक पहुँचाना। भगवान् श्रीकृष्ण ने कहा है:-

यज्ञार्थात् कर्मणोऽन्यत्र लोकोऽयं कर्मबन्धनः।।

(श्रीमद्‌भगवद्‌गीता-3/9)

अर्थात् **'यज्ञो वै विष्णु'** इस श्रुति प्रमाण से 'यज्ञ ही विष्णु है' और उसके लिए जो कर्म किया जाये वह यथार्थ कर्म है। उस ईश्वरार्थ 'यज्ञ' कर्म को छोड़कर दूसरे कर्म को करने वाला मनुष्य 'कर्मबन्धन' जाल में फंस जाता है।

वस्तुतः सृष्टि के आदिकाल में भगवान् ने समस्त जीवों की यज्ञ सहित ही रचना की। पिण्ड और ब्रह्माण्ड में सर्वत्र यज्ञ होते रहते हैं। इन यज्ञों के द्वारा ही सृष्टि-रचनाचक्र गति को प्राप्त होता है। यज्ञ से वृष्टि, वृष्टि से अन्न, तथा अन्न से प्रजा (जीवों) की उत्पत्ति होती है। अतः मानव देहधारी प्रजा का कर्म है, यज्ञ करना।

सच तो यह है कि यज्ञों से संचालित इस सृष्टि-चक्र के माध्यम से ही 'जीव' परमात्मा को भी प्राप्त कर सकता है अर्थात् परमात्मप्राप्ति का साधन भी यज्ञ ही है। स्मरण रहे, मुक्ति के साधन इस यज्ञ को मुख्य रूप से प्राणी अपने शरीर के अन्दर ही करता है। भगवान् कृष्ण ने गीता के चौथे अध्याय में उन यज्ञों की विस्तृत चर्चा की है:-

(1) संयमरूप अग्नि में श्रोत्रादि इन्द्रियों का हवन।

(2) इन्द्रियरूपी अग्नियों में शब्दादि विषयों का हवन।

(3) शरीरस्थ सुषुम्ना में व्याप्त प्राणवायुरूपी अग्नि में इन्द्रियों का हवन।

(4) धन, वस्त्रादि पदार्थों का भगवत्प्रसन्नता हेतु त्यागरूपी अग्नि में हवन।

(5) तपरूपी यज्ञ।

(6) स्वाध्यायरूपी यज्ञ अर्थात् शास्त्रविचार के द्वारा मन के अनात्म फुरनों का आत्म-चेतनामयी अग्नि में हवन।

(7) अपान में प्राण का हवन अथवा सुषुम्ना में श्वास को लीन करना अर्थात् पूरकपूर्वक आन्तर-कुम्भक की साधना के द्वारा शक्ति जागरण करना। (अपान है मुख-नासिका छिद्रों से शरीर के भीतर प्रवेश कर रही प्राण वायु)

(8) प्राण में अपान का हवन अथवा श्वास को शून्य में लीन करना अर्थात् रेचकपूर्वक बाह्य-कुम्भक की साधना के द्वारा ब्रह्मरन्ध्र में

चित्त को स्थापित करना। (प्राण है मुख-नासिकादि छिद्रों से बहिर्गमन कर रही वायु)

(9) ज्ञानरूपी सर्वोत्तम यज्ञ जिसमें इन सब यज्ञ रूपी साधनाओं की पूर्णता होती है।

जब सर्व चित्तवृत्तियों को एकाग्र करके ब्रह्माग्नि में हवन किया जाता है, तो सभी अनात्म कर्मसंस्कार दग्ध हो जाते हैं। उनमें अनात्म वृत्तियों को उत्पन्न करने की शक्ति का ही मूलोच्छेदन हो जाता है। **ज्ञानाग्निः सर्व कर्माणि भस्मात् कुरुते तथा** अर्थात् ज्ञानाग्नि सभी कर्मों को भस्म रूप करके निर्बीज बना देती है। यह गीता वाक्य भी इस सिद्धान्त की पुष्टि करता है।

अग्नि का सहज धर्म है, अपने में पड़ी हुई आहुति के जड़ और अधोगामी मलांश को दग्ध करके शुद्ध करना। जिस प्रकार लकड़ी में प्रज्वलित स्थूल अग्नि स्थूल पदार्थों के मलांश को दग्ध करती है, उसी प्रकार सूक्ष्म द्रव्यों के मलांश को दग्ध करने हेतु सूक्ष्म अग्नि को प्रज्वलित करने की आवश्यकता है तथा मन-प्राणादि की समस्त अनात्मवृत्तियों को दग्ध करने हेतु अपने अन्दर ही सूक्ष्म अग्नियों को प्रज्वलित करने की आवश्यकता है।

अतः सर्व साधनाओं का सार है, इन सूक्ष्म अग्नियों को प्रज्वलित करने की विधियों का प्रायोगिक ज्ञान होना। गीता में भगवान् ने इन अग्नियों को प्रज्वलित करने के सूत्रों का दिग्दर्शन किया ही है।

जिस प्रकार शरीरस्थ इन अग्नियों के उत्तरोत्तर सूक्ष्म स्तर हैं और इनकी समाप्ति ज्ञानाग्नि में होती है, उसी प्रकार उनमें पड़ रही आहुतियाँ भी आगे से आगे सूक्ष्म होती जाती हैं और इनकी समाप्ति अज्ञान की आहुति से होती है। वस्तुतः प्रथम अग्नि में डाली गयी आहुति ही शुद्ध होकर दूसरी अग्नि में डालने योग्य बनती है। इस प्रकार आन्तर यज्ञ-साधना की समाप्ति तब होती है, जब ब्रह्मरन्ध्रस्थ अग्निकुण्ड में प्रज्वलित ज्ञानाग्नि में जीव के स्वरूप की आवरक अविद्या की ही आहुति डाली जाती है। इसके फलस्वरूप सर्वत्र ब्रह्ममयी स्थिति की प्राप्ति होती है।

स्थूल, सूक्ष्म व सूक्ष्मतर स्तरों पर फैला हुआ पञ्चतत्त्वों का बना हुआ मनुष्य शरीर परमेश्वरीशक्ति की अद्भुत कारीगरीरूप एक विशाल अग्निकुण्ड है। इसके अन्दर इसी के अंगभूत अनेक सूक्ष्म से सूक्ष्मतर अग्निकुण्ड हैं। यह सभी अग्निकुण्ड अन्दर ही अन्दर जुड़े हुए भी हैं। इसी कारण प्रथम कुण्ड में पड़ी हुई आहुति ही शुद्ध और तेजोमय होकर शरीर की सूक्ष्मता में स्थित दूसरे कुण्ड की आहुति बनने का पथ प्राप्त करती है। भगवद्गीता के वर्गीकरण के अनुसार 'संयम' प्रथम अग्निकुण्ड है तथा ब्रह्मरन्ध्रस्थ ब्राह्मी चेतना ही अन्तिम ज्ञानाग्निरूपी कुण्ड है।

साधनामय प्रथम यज्ञ

संयम रूपी अग्निकुण्ड में इन्द्रियों की आहुति डालने से समस्त इन्द्रिय छिद्र शुद्ध होंगे। आँख, कान आदि इन्द्रियाँ धन, वस्त्र, मकान, जमीन आदि जड़ पदार्थों की गुलामी से मुक्त हो सकेंगी। साथ-साथ बरबस ही उठ रहे लोभ, मोह, क्रोध आदि विकारों का वेग कम होगा।

यहाँ यह जानना जरूरी है कि संयम रूपी अग्नि कुण्ड है क्या और इसमें अग्नि प्रचण्ड कैसे हो?

इन्द्रियाणां मनश्चास्मि भगवान् ने कहा है कि सभी इन्द्रियों में 'संकल्प-विकल्पात्मक' मनरूपी इन्द्रिय तो मैं स्वयं ही हूँ। यह ग्यारहवीं इन्द्रिय वस्तुतः स्वतन्त्र इन्द्रिय होकर भी सभी दस इन्द्रियों में व्याप्त है। सबमें व्याप्त होने के कारण यह 'मन' ही उस अग्निकुण्ड का आकार धारण करता है, जिसमें यदि अग्नि प्रज्वलित की जा सके, तो बाकी दसों इन्द्रियाँ उसमें पड़ने वाली आहुति बन जायेंगी।

संकल्प-विकल्पमय मनरूपी कुण्ड में प्रज्वलित होने वाली अग्नि अत्यन्त सूक्ष्म है। शास्त्र-सत्संगमय विवेकजन्य मुमुक्षा ही वह सूक्ष्म चिंगारी है, जिससे मन के अन्दर भगवद्प्राप्ति की इच्छारूपी 'संयम' अग्नि प्रज्वलित होती है। समस्त साधनाओं का प्रारम्भ इसी 'संयम' रूपी अग्नि के प्रज्वलित होने पर ही होता है। वस्तुतः यह एक प्रकार का सूक्ष्म प्राणायाम ही है, जिससे इन्द्रिय छिद्र शुद्ध होते हैं और भरी-पूरी श्वासधारा सारे शरीर में संचार करने का पथ प्राप्त कर लेती है।

द्वितीय यज्ञ-साधना

प्रथम यज्ञ के फलस्वरूप इन्द्रियों में अग्नि प्रचण्ड हो जाती है। इन्द्रिय छिद्रों रूपी अग्निकुण्ड में से होकर प्राणधारा शरीर के अन्दर वेगपूर्वक प्रवाहित होने से यह अग्नि प्रज्वलित होती है। जिस प्रकार पतंगे 'दीपक' के प्रकाश से खिंचे उसकी 'लौ' की ओर उड़ते चले आते हैं, उसी प्रकार शब्द, रूप, रस आदि विषय भी शुद्ध हुए इन्द्रिय छिद्रों की अग्नि में लीन होते जाते हैं। फलस्वरूप इन्द्रियों का जगत् के विषय पदार्थों से सम्बन्ध टूटने लगता है। वस्तुतः यही तो योगशास्त्र वर्णित प्रत्याहार की साधना है।

तृतीय यज्ञ-साधना

अब तो मन सहित इन्द्रियों का ही शरीरस्थ प्राणमयी अग्निधारा में हवन होना शुरू हो जाता है। सुषुम्ना नाड़ी ही इस यज्ञसाधना का अग्निकुण्ड है। इस अग्निकुण्ड के मूलाधार से मस्तक तक ऊपर उठते हुए कई स्तर हैं, जो उत्तरोत्तर सूक्ष्म और व्यापक होते जाते हैं। चित्त की समस्त क्षिप्त तथा विक्षिप्त वृत्तियाँ इसमें दग्ध होकर एकाग्रवृत्ति में रूपान्तरित होने लगती हैं। इस ऊर्ध्वमुखी अग्निकुण्ड का अन्तिम स्तर सहस्त्रार का वह ब्रह्मरन्ध्रस्थ अग्निकुण्ड है, जिसमें ज्ञानाग्नि प्रज्वलित हो उठती है और जिसका ईंधन है, अविद्या।

इन आभ्यन्तरिक यज्ञसाधनाओं के अतिरिक्त दान, व्रत आदि सहकारी यज्ञसाधनाओं का भी गीता में वर्णन किया गया है। 'तप' को भी एक विशेष यज्ञ ही माना गया है। सुषुम्ना के अग्निपथ में प्राणधारा के प्रवेश की यज्ञ साधनाओं का अलग से भी वर्णन किया गया है। अपान में प्राण और प्राण में अपान का हवन ही वे साधनाएँ हैं।

अपान (भीतर या नीचे जाते हुए श्वास) तथा प्राण (बाहर या ऊपर उठते हुए श्वास) की धारा के सन्धि स्थान से शरीर की और अधिक गहराई में जाने का रास्ता खुलता है। शाण्डिल्योपनिषद् में स्पष्ट लिखा है कि यही सहज प्राणायाम है- **प्राणापान समायोगः प्राणायाम उच्यते** अर्थात् प्राण और अपान के योग को ही प्राणायाम कहते हैं।

प्राण और अपान के योग की सूक्ष्मता में ही वह अग्निकुण्ड निर्मित होता है, जिसमें प्रज्वलित हुई अग्नि में प्राण तथा अपान को हवन किया जाता है। सामान्यतः पृथ्वी और जलतत्त्वों की बहुलता तथा अग्नितत्त्व की कमी के कारण ही प्राण वायु का सुषुम्ना में गहरे प्रवेश नहीं हो पाता। जब प्राण और अपान के सन्धिस्थलों में चेतना का प्रवेश होता है, तो शरीर में योग-अग्नि प्रज्वलित हो उठती है। इस योगाग्नि में श्वास व प्रश्वास की धारा के प्रवेश को ही भगवान् श्रीकृष्ण ने प्राण व अपान का यज्ञ कहकर वर्णित किया है।

सभी आन्तर यज्ञों का सार सर्वस्व जप-यज्ञ

दसवें अध्याय में अपनी विभूतियों का वर्णन करते हुए भगवान् कहते हैं– **यज्ञानां जपयज्ञोऽस्मि'' अर्थात् 'सभी यज्ञों में 'जप-यज्ञ' तो मैं ही हूँ।'** भगवान् ने गीता में वर्णित ही नहीं बल्कि अन्य सभी यज्ञों में से भी 'जप-यज्ञ' को ही सर्वोत्तम कहा है।

एक छोटा-सा प्रश्न यहाँ यह पैदा होता है कि तीसरे-चौथे अध्याय में भगवान् ने अनेक यज्ञों का वर्णन किया, लेकिन वहाँ जप-यज्ञ का तो उन्होंने नाम भी नहीं लिया। इधर दसवें अध्याय में एकदम से कह रहे हैं 'जप-यज्ञ मैं ही हूँ' इसका क्या अर्थ है?

इसका तात्पर्य यह है कि जैसे सभी लकड़ियों में अग्नि व्याप्त है और सभी इन्द्रियों में मन व्याप्त है, वैसे ही सभी यज्ञों में जप-यज्ञ व्याप्त

है। कोई भी यज्ञ जप-यज्ञ के बिना अधूरा ही रहेगा। यहाँ जप और यज्ञ ये दो शब्द हैं। इनके संयोग से अनेक सम्भावनाएँ बनती हैं, यथा- (1) जप के द्वारा यज्ञ या (2) जपरूपी यज्ञ या (3) यज्ञरूपी जप।

सामान्य रूप से अनेक साधक जप व मन्त्रोच्चारण करते हुए यज्ञ करते हैं, वहाँ पर कोई यज्ञ अथवा अनुष्ठान ही अभीष्ट होता है और मन्त्रोच्चारण उसमें सहकारी मात्र होता है। इस प्रकार जप-साधना किसी भी यज्ञ का अंग बन जाती है। यह जप के द्वारा यज्ञ है।

साधना की प्रथमावस्था जपरूपी यज्ञ है, जब जप-साधना मुख्य है। इस साधना के द्वारा साधक अपने शरीर में अग्नि प्रज्वलन करता है।

साधना की द्वितीयावस्था में यज्ञरूपी जप, **जब शरीर के अन्दर सुषुम्ना के ऊर्ध्वगामी पथ में प्रचण्ड हुई अग्निधारा में से भगवन्नाम की शक्तिशाली तरंगे ऊपर उठती हुई समस्त चक्रों, ग्रन्थियों का भेदन करती जाती है। 'नाम' की शक्तिशाली तरंगें वस्तुतः शक्तिरूपा ही तो हैं। यही तो है, कुण्डलिनी शक्ति का जागरण।** इस अवस्था में 'जप' स्वयं होता है अथवा यह कहें कि नामरूपी नामी भगवान् की शक्ति भगवती कुण्डलिनी स्वयं जाग्रत होकर जप साधक को परमपथ पर आरूढ़ करवा देती है। शक्ति जागरण के इस जप-यज्ञ का वर्णन सिद्ध सन्तों ने अपनी वाणियों में भी अनेक प्रकार से किया है। गुरुवाणी (पृ. 482) में यह स्पष्ट लिखा है:-

नाभि कमल महि बेदी रचिले ब्रह्म गिआन उचारा॥
राम राइ सो दुलहु पाइओ अस बड़भाग हमारा॥

चित्त-वृत्तियों की अन्तर्मुखी अवस्था सुरति (श्रुति) में ब्रह्मज्ञान को प्रकाशित करवाने वाली यज्ञरूप जप-साधना का वर्णन करते हुए 'कबीर' जी कह रहे हैं 'विकसित हुए कमलाकार नाभिमण्डल के अग्निकुण्ड को ही वेदी के रूप में साधक धारण करता है। इस अग्निकुण्ड में श्वास-प्रश्वास की धौंकनी से योगाग्नि प्रचण्ड की जाती है। (श्वास-प्रश्वास की धौंकनी में उठ रहा जप ही सन्तों की भाषा में श्वास-ग्रास जप तथा गीता वाणी में अपान का प्राण एवं प्राण का अपान में हवन है।) इस प्रकार प्रज्वलित हुई अग्नि में जब जप-साधक की सुरति साढ़े तीन फेरे

लेकर प्रवेश कर जाती है, तब स्वयं रामराय ही दूल्हे के रूप में प्रकट होकर साधक का वरण करते हैं। नाभि के अग्निकुण्ड में रामरूपी दूल्हे से जब साधक का मिलन होता है, तो सच्चे ज्ञान और सच्ची भक्ति का प्राकट्य होता है। ज्ञान-भक्ति की ये धाराएँ गंगा-यमुना की पवित्र धाराओं की भाँति तरण-तारण बन जाती हैं और साधक कृतकृत्य हो उठता है। इससे पहले का ज्ञान तो शब्द-जालमय उधारा ज्ञान ही होता है तथा भक्ति भी कृत्रिम ही होती है।

ध्यान रहे, पंचभौतिक इस मानवशरीर में जब तक साधक का जप होंठ और जिह्वा के आश्रित ही चलता है, तब तक नाभिकुण्ड में अग्नि प्रज्वलित नहीं हो सकती, क्योंकि इन्द्रिय छिद्र के बाहर की ओर खुलने वाले होंठ और जिह्वा आदि अंगों में पृथ्वी और जल के अणुओं की ही प्रधानता होने के कारण यहाँ से उठ रहे शब्द के कम्पनों का भी अधिकांश वेग शरीर के बाहर की ओर ही होगा, न कि जिह्वामूल का भेदन करके नाभिकुण्ड की ओर। नाभि से अग्नि प्रज्वलित तो तब होगी, जब श्वास-प्रश्वास की बहिर्गामी धारा जिह्वामूल से उलट कर नाभिकुण्ड की ओर गति करने लगे।

जप-यज्ञ की साधना का विज्ञान

जप-यज्ञ का सार है, शरीरस्थ अग्नि को प्रज्वलित करके, उस अग्नि में सभी अनात्म वृत्तियों को दग्ध करते हुए अग्नि-ज्वालाओं के पथ से शब्द की तरंगों को ऊर्ध्वगामी करना। इसके लिए यह जानना आवश्यक होगा कि वस्तुतः शरीरस्थ अग्नि का स्वरूप क्या है?

उपनिषद् वाणी इस अग्नि के स्वरूप का वर्णन करती हुई स्पष्ट करती है:-

पुरुषो वाव गौतमाग्निस्तस्य वागेव समित्प्राणो धूमो
जिह्वार्चिश्चक्षुरङ्गाराः श्रोत्रं विस्फुलिङ्गाः

(छान्दोग्योपनिषद्)

अर्थात् 'हे गौतम! पुरुष ही अग्नि है। उसकी वाणी ही समिध् है। प्राण धुँआ है, जिह्वा ज्वाला है, चक्षु अंगारे हैं और श्रोत्र विस्फुलिंग हैं।'

अग्नि प्रज्वलित करने के लिए सबसे मुख्य आवश्यकता लकड़ियों की ही होती है। अग्नि प्रचण्ड होने पर प्रज्वलित लकड़ियों में से ही धुँआ, ज्वाला, अंगारों और विस्फुर्लिंगों का प्रादुर्भाव होता है। इस **उपनिषद् वाणी में बिल्कुल स्पष्ट शब्दों में कायारूपी अग्नि को प्रचण्ड करने का मुख्य साधन वाणी को ही कहा है और दूसरा गौण साधन है– प्राण।** क्योंकि लकड़ी गीली हो तो धुँआ उठता है अथवा लकड़ी के पूर्ण ज्वाला बनने की प्रक्रिया में धुँआ उठता है।

मनुष्य के द्वारा उच्चरित वाणी के कम्पन जब मुख-नासिका छिद्रों से बाहर की ओर गति करते हैं, तब प्राणों की धारा का वेग भी बाहर की ओर ही होता है। इन बहिर्गामी वाणी के कम्पनों को ही धुँआ कह कर पुकारा गया है। यही नासाछिद्र स्थानीय प्राणों का वेग यदि जिह्वामूल से उठ रहे शब्द के कम्पनों में लीन होना शुरू हो जाये, तो धुँआ भी विलीन होता जायेगा और अग्नि प्रचण्ड होकर ज्वालाओं का रूप धारण करने लगेगी। इन वाणीरूपी ज्वालाओं से ही चक्षु स्थानीय अंगारों और कण्ठ स्थानीय विस्फुर्लिंगों का प्रादुर्भाव होने लगेगा। तात्पर्य यह कि चक्षु, कान, जिह्वा तथा नासाछिद्र, ये सभी शब्द के अन्तर्मुखी शक्तिशाली कम्पनों से परिपूर्ण होने लगेंगे। यही कम्पन जब और गहरे होते हैं, तो नीचे के दो इन्द्रिय छिद्रों को भी पूर्ण करने के लिए जिह्वामूल से नीचे की ओर बड़े वेग से गति भरने लगते हैं। नौ के नौ इन्द्रिय छिद्रों के शब्द कम्पनों से पूर्ण होते-होते नाभिकुण्ड प्रज्वलित हो उठता है।

जप-यज्ञ की इस साधना में शरीर के अन्दर गति कर रही शब्दधारा के वशीभूत हुई प्राणों की धारा भी अन्तर्मुखी होने लगती है। **प्राणायामरूपी हठयोग की साधना से जप-यज्ञ की यही विशेषता है। यहाँ अपान में प्राण का और प्राण में अपान का हवन नाम जप की साधना के अधीन होता है।**

जप-यज्ञ के साधक को यह जानना जरूरी है कि वाणी का उच्चारण किस प्रकार हो कि जिह्वा से उठ रहे कम्पन श्वासों को अपने में लीन कर सकें। तभी वह सही रूप से जप-यज्ञ की साधना कर सकेगा।

वाणी और श्वास-प्रश्वास की गति, इन दोनों में परस्पर एक निगूढ़

सम्बन्ध है। इस सम्बन्ध का वर्णन करती हुई उपनिषद् वाणी कहती है:-

यः प्राणापानयोः सन्धिः स व्यानो। यो व्यानः स वाक्।

तस्माद प्राणन्नपानन्वाचमभिव्याहरति। (छा. उ.)

अर्थात् 'प्राण (श्वास का बाहर निकलना) तथा अपान (श्वास का अन्दर खींचना) की जो सन्धि है, वही व्यान है। जो व्यान है, वही वाक् है। इसी से पुरुष प्राण-अपान क्रिया न करता हुआ ही वाणी बोलता है।' ध्यान रहे, यहाँ व्यान का अर्थ सांख्य एवं योग शास्त्र सम्मत सर्वदेहव्यापी व्यान वायु नहीं है।

श्वास का भरना (अपान) और श्वास का छोड़ना (प्राण) ये दो विरुद्ध गतियाँ हैं। श्वास छोड़ते हुए जब प्राणी वाणी का उच्चारण करता है, तब भी प्राण तथा अपान की क्रिया रुकती है और श्वास अन्दर खींचते हुए भी वाणी का उच्चारण करने से ऐसा ही होता है। दोनों में अन्तर यह है कि श्वास बाहर छोड़ते हुए ही वाणी बोलने से शब्द के कम्पनों की धारा बाहर की ओर गति करती है तथा इसी से श्वास का वेग भी रुक-रुक कर बाहर की ओर ही विशेष गतिशील होता है। दूसरी ओर यदि श्वास अन्दर खींचते हुए भी वाणी का उच्चारण किया जा सके तो शब्द के कम्पनों की धारा भी शरीर के अन्दर गति करेगी। इससे श्वास का वेग भी प्रत्येक वर्ण के उच्चारण के समय रुक-रुक कर अन्दर को ही विशेष वेग भरेगा। **वस्तुतः श्वास अन्दर खींचते हुए वाणी (भगवन्नाम) का उच्चारण करते रहने में ही 'जप-यज्ञ' की साधना के सभी सूत्र छिपे हुए हैं।**

'जप' तथा 'यज्ञ' ये दो शब्द एक दूसरे के पूरक भी हैं। यदि 'जप' का अर्थ 'नाम का उच्चारण' और 'यज्ञ' का अर्थ 'अग्नि-प्रज्वलन' किया जाये, तो **'जप-यज्ञ' का अर्थ होगा- नाम के नियमित उच्चारण से शरीर के अन्दर ही अग्नि-प्रज्वलन करना।** इस प्रकार प्रज्वलित अग्नि में बहिर्मुखी अधोगामिनी अनात्म वृत्तियाँ सहज ही दग्ध होकर चित्त में एकाग्र वृत्ति का प्रादुर्भाव होने लगता है। यह (सम्प्रज्ञात) समाधि ही तो है और इस समाधि का फल है, 'ब्रह्मज्ञान'। यही जप-यज्ञ की साधना है।

शरीरस्थ अग्निकुण्ड का स्वरूप

जिस प्रकार एक लकड़ी में अग्नि रहती है, उसी प्रकार ही शरीर के अन्दर भी पहले से ही अग्नि विद्यमान है। लकड़ी की अग्नि उसकी जड़ता के कारण बिल्कुल ही आवृत्त रहती है, उसको प्रज्वलित करने के लिए बाहर से अग्नि की चिंगारी आवश्यक है अन्यथा लकड़ी बिल्कुल ठण्ढी ही रहेगी। शरीर में भी यद्यपि पार्थिव तत्त्वों के कारण जड़ता है तथापि शरीर की अग्नि बिल्कुल ही आवृत्त नहीं है। पार्थिव अणुओं की कुछ पर्तों से वह ऊपर-ऊपर आवृत्त होने पर भी अन्दर ही अन्दर कुछ हद तक प्रज्वलित भी रहती है।

लकड़ी यदि गीली हो, तो बाहर की चिंगारी से भी उसमें से पूरी अग्नि को प्रकट नहीं किया जा सकता, साथ में कुछ धुँआ भी उठेगा ही। इसी प्रकार शरीरस्थ अग्नि को भी जलीय अणुओं की पर्तों के कारण पूर्ण प्रज्वलित करने में बाधा आती है। मानवशरीर की यह एक विशेषता है कि पार्थिव और जलीय अणुओं की आवृत्तता होने पर भी शरीर के आन्तरिक स्तरों पर अग्नि प्रज्वलित रहती है। **इस अग्नि को और भी प्रचण्ड करने के लिए आवश्यकता केवल इन आवरक पर्तों का भेदन करके पहले से ही प्रज्वलित हो रही अग्नि की ज्वालाओं में प्राण-वायु की धौंकनी मारने तथा वाणीरूपी ईंधन डालने की है।** जप-यज्ञ के साधक को जानना होगा कि शरीरस्थ अग्निकुण्ड, जहाँ यह अग्नि प्रज्वलित ही रहती है, कहाँ पर है?

हम लिख ही चुके हैं कि शरीर के गहरे अन्दर अग्नि प्रज्वलित ही है तथा पृथ्वी और जल के अणुओं की परतों की हद से ही अग्निकुण्ड की सीमा शुरू हो जाती है। गुदा और उपस्थ, इन दो छिद्रों के इर्द-गिर्द पृथ्वी और जल के अणुओं के मण्डल विस्तारित हैं। यदि इन मण्डलों की हदबन्दी से एक-एक धारा सुषुम्ना की ओर प्रवाहित की जाये तथा इसके साथ तीसरी ऊर्ध्वमुखी धारा (जो सुषुम्ना की अग्निधारा ही है) को जोड़ा जाये, तो एक त्रिआयामी (3-D) त्रिकोण का निर्माण होता है। यही शरीरस्थ अग्निकुण्ड है, जिसका केन्द्र नाभि से चार अँगुल नीचे है।

यही वह अग्निकुण्ड है जहाँ पर, यदि जिह्वामूल से नामजप किया

जा सके तो जप-यज्ञ की एक उच्च अवस्था में साधक की चेतना का प्रवेश हो जायेगा (इसकी सही विधि का ज्ञान तो किसी अनुभवी सन्त के सान्निध्य में रहकर ही कोई जिज्ञासु प्राप्त कर सकता है।) क्योंकि श्वास की अन्तर्मुखी धारा में जब भी नाम की टंकोरें पड़ेंगी, प्राण-अपान की धारा ठहरेगी ही और आन्तर कुम्भक की सहज अवस्था बनेगी। यह हठपूर्वक किया गया कुम्भक नहीं होगा, बल्कि नाम के उच्चारण से अग्निकुण्ड में पड़ रही आहुतियों से प्राप्त अग्नि की ज्वालाओं से हो रही नाड़ियों की शुद्धि के कारण यह कुम्भक लगेगा। साथ ही जितनी बार प्राण-अपान की गति ठहरेगी, उतना ही गहरा कुम्भक होगा।

श्वास छोड़ते समय यदि कोई साधक जिह्वामूल से ही नाम-जप कर सके, तो प्राण की धारा भी मुख-इन्द्रिय छिद्र से बहिर्मुखी होने की अपेक्षा, सुषुम्ना में ही गति करती हुई मस्तकस्थ ब्रह्मरन्ध्र को खोलती चली जायेगी। वस्तुतः प्राण को ही सुषुम्ना में प्रवाहित होने वाले 'स्वर' भी कहा जाता है। बिना स्वरों के मन्त्रों का उच्चारण सम्भव नहीं होता। यह अन्तर्मुखी 'स्वरधारा' मुख में से उच्चरित हो रही वाणी को बरबस ही जिह्वामूल की ओर खींचती चली जाती है।

इस जप-यज्ञ की शुरुआत में साधक श्वास खींचते समय बेशक होंठ व जिह्वा से ही जप करे, किन्तु श्वास छोड़ते समय तो जिह्वामूल से ही उसे जप करना चाहिए। जिह्वामूल से ही मानसिक अथवा श्वास-ग्रास जप की शुरुआत होती है। (यह एक विशेष गुरुमुखी साधना है, जो सिद्ध परम्पराओं में आज भी प्रचलित है। शब्द सुरति संगम आश्रम में इस साधना की विशेष शिक्षा एवं दीक्षा दी जाती है।)

यद्यपि जिह्वामूल से जप करने की क्षमता अर्जित करने के लिए पहले बैखरी जप, उपांशु जप तथा अन्त में श्वास-श्वास जप की साधनाएँ एक क्रम के अनुसार साधक करता ही है तथापि 'अग्नि-क्रियायोग' की मदद से जिह्वामूल से जप करना आसान हो जाता है।

जप-यज्ञ का सहकारी अंग, अग्नि-क्रियायोग

'अग्नि-क्रियायोग' के द्वारा 'जप-यज्ञ' में विशेष गति प्राप्त की जा सकती

है। यह एक सर्वमान्य परम्परा ही बन गयी है कि कोई भी अनुष्ठान करना हो, तो शुद्धिकरण के लिए अग्नि प्रज्वलित करके जैसे भी बन पड़े यज्ञ साधना की ही जाती है। जप के विशेष अनुष्ठान तो तब तक पूर्णता को प्राप्त माने ही नहीं जाते, जब तक कुल मन्त्र संख्या का दसवाँ हिस्सा अग्नि के सम्मुख बैठकर 'स्वाहा' पूर्वक अग्नि के अर्पण नहीं किया जाता। यदि कोई ऐसा न कर सके, तो उसे अलग से अनुष्ठान की संख्या से और अधिक मात्रा में जप करना होता है। वैसे उचित तो यही होता है कि नित्यप्रति अग्नि प्रज्वलित करके भी मन्त्र-साधना की जाये।

यदि दसवाँ हिस्सा अग्नि के सान्निध्य में जप करने से कोई अनुष्ठान फलप्रद होता है, तो क्यों न पूरा अनुष्ठान अग्नि के सान्निध्य में ही किया

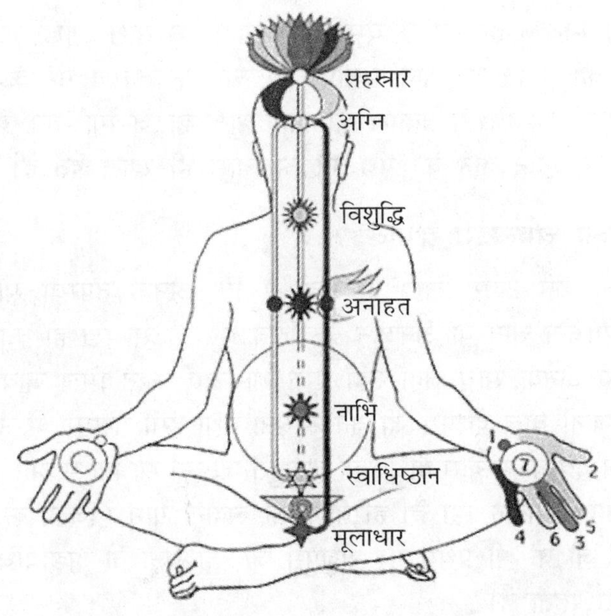

जाये? क्या ऐसा करने से साधना विशेष शक्तिशाली नहीं हो जायेगी?

निश्चित रूप से ऐसा ही है और अनेक सन्तों ने ऐसी साधनाएँ की भी हैं। सनातन ऋषियों-मुनियों के यज्ञ और अनेक सन्तों के अखण्ड धूने इस तथ्य को प्रमाणित करते हैं। हाँ, यह बात भी सही है कि एक

प्रारम्भिक साधक में इतनी ऊर्जा अभी नहीं होती कि वह निरन्तर प्रज्वलित धूने की अग्नि को अपने में पूरा का पूरा आत्मसात् कर सके। उसके लिए तो अनुष्ठान का दशमांश ही पर्याप्त है। कई बार घरों में अग्नि-प्रज्वलन की सुविधा नहीं होती, तो दीप प्रज्वलित करके उसके सम्मुख मन्त्र-जप करने से भी इस कमी को कुछ हद तक पूरा किया जा सकता है।

'अग्नि-क्रियायोग' के विधान की तो इस पुस्तक में विस्तार से चर्चा हो ही चुकी है। जप-यज्ञ की साधना में तो बस इतना ही करना है कि अग्नि प्रज्वलित करके अपने मन्त्र का विधिपूर्वक, खुली या बन्द आँखों से ऊर्ध्वमुखी अग्निधाराओं के साथ अपनी सुरति को जोड़ते हुए, जप करते जाना है। ऐसा करने से नाभिकुण्ड में योगाग्नि तो प्रचण्ड होगी ही, साथ ही साथ बाहर की ऊर्ध्वमुखी ज्वालाओं के साथ आँखों के पथ से साधक की सुरति का योग स्थापित हो जाने के कारण मस्तक में मन्त्र के कम्पनों का विशेष प्रकाश भी होना शुरू हो जायेगा, तब ये कम्पन ब्रह्मरन्ध्र में लीन होने का पथ भी अनायास ही खोल देते हैं।

अग्नि का चमत्कारी प्रभाव

जैसा कि हम ऊपर लिख ही चुके हैं कि अनेक तपस्वी साधुओं ने अपनी साधना जाने या अनजाने प्रज्वलित धूने के सम्मुख ही की है तथा आज भी अनेक साधु जहाँ-तहाँ ऐसी साधनाएँ करते मिल जायेंगे। परम गुरु कम्बली वाले देवपुरी जी की साधना तथा इसी परम्परा में उनसे पूर्व रामकृष्ण देव के संन्यास दीक्षा गुरु तोतापुरी जी की साधना में अग्नि-साधना का विशेष योगदान रहा है। हरियाणा के लदाना ग्राम (जिला कैथल) में तोतापुरी जी के भी प्रथम गुरु राजपुरी जी का धूना तो अद्यावधि आश्रम में जाग्रत रहता है।

कम्बली वाले प्रभु जी ने अन्न-दूध या फल आदि किसी भी प्रकार के आहार का त्याग करके श्वास-प्रश्वासमयी शब्द-यात्रा अग्नि से योग बनाये रखते हुए ही की थी। कभी-कभी धूने की राख से शुद्ध किये गये अल्प जल का पान ही वह करते थे। यह जल-पान भी शरीर के अन्दर

प्रविष्ट हो रही अग्निधारा को शरीर के रोम-रोम में तथा विशेष रूप से मूलाधार के केन्द्र तक गतिशील करने के लिए ही होता था, न कि भूख-प्यास से व्याकुल होकर पेट को जल से भरने के लिए। कभी-कभी तो अग्नि से तप्त चिमटे का भी सम्पर्क मस्तक के शिखा केन्द्र से गुरुदेव मेवापुरी जी के सान्निध्य में होता था। जिससे कि अग्निधारा उलट कर सीधे मूलाधार में प्रविष्ट हो जाये। इसके परिणामस्वरूप परमेश्वरी शिवाशक्ति जाग्रत होकर फुफकारती हुई अग्निपथ से ऊर्ध्वपथ प्राप्त करने के लिए तत्पर हो उठती थी।

यद्यपि प्रथम चालीस (या सम्भवतः इक्कीस) दिनों में ही उनकी चेतना का प्रवेश, इस कठिन साधना के फलस्वरूप ब्रह्मरन्ध्र में हो गया था, फिर भी छह-सात वर्ष तक उनकी साधना निरन्तर सहजभाव से धूने के सम्मुख चलती रही। (ध्यान रहे, अन्नादि के त्यागपूर्वक इन कठिन साधगाओं का मनमर्जीपूर्वक अनुकरण लाभ देने की बजाये हानिकारक भी सकता है। अतः इनको कुशल गुरु के निर्देशन में ही सीखना तथा करना चाहिए। सहज भाव से तो एक सामान्य साधक भी अग्नियोग से कुण्डलिनी शक्ति के जागरण में अत्यधिक प्रगति कर सकता है। यहाँ उसी सहज सरल विधि की चर्चा हम कर रहे हैं।)

एक अन्य तापस सन्त के बारे में हमने अत्यन्त निकटस्थ सूत्रों से सुना है। वे हिमालय के दुर्गम स्थलों में साधना किया करते थे। श्रद्धा तथा दृढ़ता पूर्वक साधना करते रहने पर भी चेतना स्थूलशरीर की हदबन्दी को नहीं लाँघ सकी थी। एक बार वे तथा एक अन्य अतिथि साधु धूने के पास बैठे थे तथा साधना-चर्चा चल रही थी। अतिथि साधु तो बाद में विश्राम करने लगे किन्तु वे साधु साधन-चर्चा से उत्साहित होकर हठ कर बैठे कि कुछ भी हो जाये, आज तो साधना की सब हदबन्दियाँ

लाँघकर ही विश्राम करना है। सहज प्राणायाम से प्रारम्भ करके भ्रामरी प्राणायाम में उन्होंने अपना चित्त लगाया। दो-तीन घण्टे बड़े वेग से षणमुखी मुद्रा तथा भ्रामरी प्राणायाम का अभ्यास करते रहे। सारा शरीर गर्म-सा होकर कम्पनों से भर गया। एक बार मूलाधार में उनके कम्पनों ने प्रवेश करके ज्यों ही ऊपर चढ़ना शुरू किया कि उनको शरीर की विस्मृति हो गयी और वे अपने आसन पर मृतप्राय से गिर पड़े। साथ के साधु एकदम उठे और उन्हें देख कर सोचा कि यह तो मर गये।

वे घबरा गये कि अब क्या किया जाये। कुछ दूरी पर गाँव था। उन्होंने सोचा कि वहाँ से कुछ लोगों को बुलाकर लाता हूँ। तीन-चार घण्टे उन्हें जाने-आने में लग गये। जब वह वापस आये, तो देखा कि जिनको अभी थोड़ी देर पहले मरा हुआ देखा था, वे बड़े आराम से इधर-उधर घूम रहे हैं। वह हैरान थे कि यह साधु तो मरकर फिर जी उठा। वस्तुतः यह अग्नि-साधना का ही सहयोग था कि उनकी चेतना शरीर की हदबन्दी (इन्द्रिय छिद्रों) को लाँघकर सूक्ष्म में गति करने की शक्ति जगा पायी थी। एक प्रकार से यह समाधिमण्डल में उनके प्रवेश की सूचना ही थी।

ध्यान रहे, नाभिकुण्ड से उठ रही अग्निमय मन्त्र के कम्पनों की धारा का सुषुम्ना-पथ में प्रवेश ही कुण्डलिनी शक्ति का जागरण है। इन कम्पनों का मस्तक में प्रवेश और फिर ब्रह्मरन्ध्र में लीन हो जाना ही समाधि या शिव-शक्ति का मिलन है।

अग्नि-क्रियायोग और कुण्डलिनी-शक्ति का जागरण

कुण्डलिनी-शक्ति के जागरण का अर्थ है कि अब साधक की साधना उसके अहं के आश्रित न रहकर भगवती की ऊर्ध्वमुखी शक्तिधारा के साथ जुड़ गयी है। जिस शक्ति ने अपने मूल तत्त्व शिव से पृथक् होकर नीचे उतरते हुए संसार और उसके मायाजाल की रचना की थी, वही शक्ति शरणागत साधक को अपनी शरण में लेकर परमशिव से मिलने के क्रम में संसार और उसके मायाजाल की ग्रन्थियों का भेदन करने लगती है।

साधक में कोई शक्ति नहीं, वह अपने बलबूते पर ही ग्रन्थियों का भेदन कभी नहीं कर सकता, कुण्डलिनी-शक्ति से भी सीधा सम्बन्ध नहीं जोड़ सकता। इसीलिए कभी-कभी सन्त-महात्मा सीधी सरल भाषा में यह भी कह देते हैं कि कुण्डलिनी-शक्ति का जागरण तो गुरुकृपा से ही होता है। 'मैं तो इतना जप-तप करके शक्ति-जागरण कर लूँगा', इस प्रकार की बातें तो वही करेगा, जिसे पता ही नहीं कि कुण्डलिनी-शक्ति होती क्या है।

प्रस्तुत प्रसंग में तो हमें कुण्डलिनी-शक्ति की विस्तृत चर्चा न करके यह देखना है कि इसका अग्नि-साधना के साथ क्या सम्बन्ध है। हम जानते हैं कि नाभिकमल ही अग्निकुण्ड है। जब नाभिकेन्द्र में अन्तर्मुखी हलचल होने लगती है, तो वहाँ गर्मी का अनुभव होता है अथवा यह भी कह सकते हैं कि प्राण और अपान या श्वास और प्रश्वास के मिलन बिन्दु में 'समान' नाम की वायु क्रियाशील हो उठती है। समान का स्थान नाभिमण्डल में है।

कुण्डलिनी का सिरा नाभिकुण्ड के मूल (मूलाधार) में स्थित रहता है। यदि इस सिरे में हलचल पैदा की जा सके, तो भगवती की शक्तिधारा को गतिशील किया जा सकता है। इसमें कोई शक नहीं है कि किसी शारीरिक क्रिया (बन्ध-मुद्रा आदि) करने मात्र से ही ऐसा किया जाना सम्भव नहीं है क्योंकि शारीरिक क्रियाएँ तो स्थूल पृथ्वी और जल के अुणओं में ही हलचल पैदा कर सकती हैं। हाँ, इन क्रियाओं के द्वारा एक वैराग्यशील गुरुमुख साधक को कुछ मदद अवश्य मिल सकती है।

अन्तर्मुखी साधक (1) नाम-जप के कम्पनों को श्वास-प्रश्वास के पथ द्वारा नाभिकुण्ड में से होकर मूलाधार में प्रविष्ट करवाने की साधना करते हैं; अथवा (2) सीधे ही प्राण-अपान की धाराओं को उलटाकर मूलाधार को कम्पित करने की साधनाएँ करते हैं; अथवा (3) भगवती परमेश्वरी के शरणागत होकर उन्हें पुकारते हुए उनकी शरण में जाते हैं।

इन साधनाओं से तथा सहकारी बन्ध-मुद्रादि क्रियाओं से मूलाधार में साधक की चेतना का प्रवेश होता है और भगवती का कृपा प्रसाद भी मिल जाता है। इन सभी साधनाओं के साथ-साथ या स्वतन्त्र रूप से भी यदि अग्नि-क्रियायोग का आश्रय कुण्डलिनी शक्ति के जागरण के लिए किया जाये, तो अति शीघ्र उत्तम परिणाम प्राप्त हो सकते हैं।

वर्तमान समय में अनेक परम्पराओं में प्रायः यह धारणा प्रचलित की जा रही है कि सेवा, जप, ध्यान, भक्ति, योग, आत्मचिन्तन आदि अनेक साधनाओं की तरह कुण्डलिनी-शक्ति जागरण भी परम पद प्राप्ति का एक साधन है, किन्तु यह एक कठिन साधना है। यद्यपि इसके जागरण से अनेक शक्तियों की प्राप्ति होती है, किन्तु इस पथ पर भटकने की सम्भावना अत्यधिक है। कलियुग में तो परमपद प्राप्ति के लिए कठिन ही नहीं, कभी-कभी भयंकर रूप धारण करने वाली इस साधना को करने की बजाय जप, कीर्तन, भक्ति आदि की सरल साधनाएँ करना ही उचित तथा निरापद है। दूसरी ओर कुछ ऐसे लोग भी हैं, जो कुण्डलिनी साधनाओं के नाम पर शास्त्रों के जप-तप-संयम को भूलकर मनमर्जी की साधनाओं में ही जुटे रहते हैं।

वस्तुतः कुण्डलिनी शक्ति-साधना के बारे में ऐसी अनेक भ्रान्त धारणाओं का मूल कारण साधना-रहस्यों का अज्ञान ही है। यदि कोई भी व्यक्ति विभिन्न साधना सम्बन्धी गम्भीर रहस्यों का ज्ञान प्राप्त करने के लिए ग्रन्थों, शास्त्रों को ही आधार बनाता है, न कि साधनाजन्य अनुभवों को, तब उसकी जानकारी अधूरी ही नहीं, भ्रान्त भी हो सकती है। यह

भी सम्भव है कि कोई अधूरा साधक स्थूलशरीर से सम्बन्धित नाद, ज्योति, भाव, आत्मविचार आदि के कुछ प्रारम्भिक स्तरों के अनुभवों को ही पूर्ण मानकर, इनके आधार पर ही विभिन्न साधना-पद्धतियों की तथा विशेष रूप से शक्ति-जागरण की साधना को कसौटी पर कसने का साहस करे, तब भी उसकी युक्तियाँ अधूरी और भ्रान्त ही होंगी। अथवा जागतिक विषयों के साथ-साथ विचार-साधना को जोड़ने का प्रयास करे, तब भी भटकन ही हाथ लगेगी। अतः यह आवश्यक है कि हम इस विषय के मूल सिद्धान्तों को भलीभाँति अपने अन्तःकरण में स्थापित कर लें। इसी भाव से कुण्डलिनी-जागरण सम्बन्धी कुछ विशिष्ट जिज्ञासाओं का समाधान शास्त्रों के अनुभूत प्रयोगों तथा अग्नि-क्रियायोग के प्रकाश में किया जा रहा है।

जिज्ञासा : आप कहते हैं कि कुण्डलिनी-जागरण तथा वीर्य का ऊर्ध्वगमन (ब्रह्मचर्य-साधना) प्रायः एक ही बात है, तो अग्नि-क्रियायोग इस ऊर्ध्वगमन की प्रक्रिया में क्या भूमिका निभाता है तथा इस क्रिया से कुण्डलिनी जागरण में विशेष वेग कैसे पैदा होता है?

समाधान : इसमें कोई सन्देह नहीं कि वीर्य के ऊर्ध्वगमन की प्रक्रिया का सूत्रपात, कुण्डलिनी-शक्ति जागरण के शुभारम्भ की पक्की सूचना है। स्थूलशरीर की सार-सर्वस्व शक्ति का नाम है 'वीर्य'। प्राणी जो कुछ अन्न-जल आदि का भोजन करता है, वह जठर-अग्नि और वायु के योग से रस-रक्त-माँस आदि धातुओं में परिवर्तित होता हुआ क्रमशः अन्तिम धातु वीर्य में परिणत होता है।

इस शक्ति का बहिर्पतन, शरीर के इन्द्रिय छिद्रों में से शब्द-स्पर्श आदि विषयों में एक सामान्य स्वस्थ प्राणी में होते रहना, स्थूलशरीर की सहज प्रवृत्ति है। बहिर्पतन का कारण है- (1) स्थूलशरीर में अन्न-जल के अणुओं की प्रधानता। (2) प्राणों की धारा का इन्द्रिय छिद्रों से बहिर्प्रवाह। (3) शब्द आदि विषयों में मन की आसक्ति।

'वीर्य' वस्तुत एक तैजस द्रव्य है। जिस प्रकार तिल में तेल, दूध में मक्खन और गन्ने में रस रहता है, उसी प्रकार वीर्य सारे शरीर में

सामान्य रूप से व्याप्त रहता है। जिस प्रकार मक्खन निकल जाने से दूध पतला पड़ जाता है, उसी प्रकार वीर्य का अपव्यय होने से शरीर भी सारहीन होने लगता है। अन्तिम धातु मज्जा में यह विशेष रूप से संचित रहता है। शरीर के निम्नांग अण्डकोश के वृषणों की स्रावी ग्रन्थियों के माध्यम से यह वीर्यशक्ति रक्त के बहिर्प्रवाह के कारण, बूँद-बूँद करके जलीय द्रव्य के रूप में इकट्ठी होती रहती है। इस जलीय वीर्य का समय-समय पर बहिर्पतन होता रहता है।

यद्यपि नेत्र, जिह्वा आदि इन्द्रियों से भी कामुकता व क्रोधादि के कारण वीर्यशक्ति का बहिर्पतन होता रहता है, फिर भी निम्नांगों से हुआ बहिर्पतन तो सारे शरीर की ऊर्जा को एकबारगी ही बाहर फेंक देता है। इसलिए निम्नांगों के पूर्ण निग्रह को ही ब्रह्मचर्य के नाम से प्राय: पुकारा जाता है; बेशक इस निग्रह के लिए अन्यान्य इन्द्रिय छिद्रों का निग्रह करना भी अति आवश्यक है ही। **वीर्य का बहिर्पतन जहाँ शरीर की शक्ति को विषयों में खर्च करता है, वहाँ वीर्य का ऊर्ध्वगमन शरीर की शक्ति को महाशक्ति शिवा से जोड़ने का माध्यम बनता है।**

यदि शरीरस्थ जठराग्नि में कमी नहीं है, तो अन्न-जल की क्रमपूर्वक अन्तिम धातु मज्जा में परिणत होती रहती है, जिससे शरीर स्वस्थ बना रहता है। वस्तुत: यह सब कार्य तो पशु-शरीरों में भी होते रहते हैं, किन्तु एक मानव के लिए इतना ही पर्याप्त नहीं है। **मानवशरीर में शक्ति का प्राकट्य दो स्तरों पर होता है- एक अग्नि और दूसरा सोम। विभिन्न स्तरों पर प्रकट हो रहे इन दो शक्ति तत्त्वों से शरीर का निर्माण होता है। इन दो तत्त्वों की मात्रा तथा स्तर से ही मानव की सामर्थ्य तथा उसकी कार्य कुशलता का निर्णय होता है।** स्थूलशरीर में इस अग्नि का प्राकट्य जठराग्नि के रूप में तथा सोम का वीर्य के रूप में होता है। किन्तु सूक्ष्मशरीरों में जब शक्ति का जागरण होता है, तब अग्नि का प्राकट्य नाभिकुण्ड में प्रज्वलित योगाग्नि के रूप में तथा सोमरस का मस्तकस्थ चन्द्रमण्डल में अमृतस्राव के रूप में होता है। सूक्ष्मशरीर में योगाग्नि एवं सोमरस के रूप में जाग्रत हुई इस शक्ति को ही कुण्डलिनी शक्ति का नाम साधकों ने दिया है।

अन्नादि आहार के तीन अंश हैं। स्थूल अंश से मल का, मध्यम अंश से माँस-रक्त तथा सूक्ष्म अंश से मन-प्राण-वाणी का निर्माण होता है। मलांश के माध्यम से अग्नि की गति इन्द्रिय छिद्रों से बाहर की ओर होती है। मध्यमांश से स्थूलशरीर में तथा सूक्ष्मांश से मन-प्राण में अग्नि की गति होती है। जठराग्नि की ज्वाला तो इन्द्रिय छिद्रों की ओर भी गति करती है, किन्तु योगाग्नि की धारा सारे शरीर में व्याप्त होती हुई ऊपर को ही सीधे गमन करती है।

स्थूल आहार के माध्यम से 'वीर्य' का इन्द्रिय छिद्रों में से बाहर की ओर भी गमन होता है, किन्तु मस्तकस्थ सोमरस का बहिर्पतन नहीं होता। यह तो सारे शरीर में व्याप्त होकर शरीर की धातुओं का पोषण करता है। योगाग्नि के योग से स्थूलशरीर की सार धातु वीर्य का भी बहिर्पतन थम कर ऊर्ध्वगमन प्रारम्भ हो जाता है। एक प्रकार से शरीर का वीर्य योगाग्नि को प्रचण्ड करने के लिए ईंधन का ही काम करता है। **योगाग्नि के लिए वीर्य ही सर्वश्रेष्ठ ईंधन है।** शरीरस्थ यह वीर्य ही अग्निमय होकर मस्तक के चन्द्रमण्डल में पहुँच कर सोमरस में परिणत होता है और पुनः बादलों से पड़ रही वर्षा की भाँति शरीररूपी धरती का पोषण करता हुआ नाभिकुण्ड में आकर योगाग्नि को भी और अधिक प्रचण्ड करता है।

नाभिकुण्ड में कुण्डलिनी-गशक्ति के ही प्रकट रूप योगाग्नि को प्रचण्ड करने के लिए ऐसा ईंधन चाहिए, जिसमें मलांश न हो तथा जिसे नाभिकुण्ड में प्रविष्ट भी करवाया जा सके, क्योंकि जहाँ जठराग्नि को प्रचण्ड करने के लिए अन्नादि आहार ईंधन का काम करता है, वहाँ योगाग्नि को प्रचण्ड करने के लिए तो ऐसा आहार चाहिए, जिसमें सुपाच्य तैजस आहार की प्रधानता हो, जिससे कि अग्निकुण्ड का निर्माण तथा पोषण भी हो। इसके साथ ही साथ (1) श्वास-प्रश्वास व प्राण-अपान की विपरीत गतियों को परस्पर अन्दर की ओर खींचते हुए नाभिकुण्ड में धौंकनी की तरह प्रवाहित किया जाये, जिससे कुण्डाग्नि शिखा प्रज्वलित हो उठे। (2) जीभ से उच्चरित हो रही वाणी की स्पन्दन धारा को जिह्वामूल में केन्द्रित करके नाभिकुण्ड में प्रवाहित किया जा सके, जिससे कि प्रज्वलित कुण्डाग्नि की शिखा आकाश-पथगामी हो सके।

आहाररूपी ईंधन, वायु की धौंकनी तथा मन्त्र के स्पन्दनों द्वारा नाभिमूल से कुण्डलिनी शक्ति की अग्नि ज्वाला प्रज्वलित होकर सभी चक्रों-ग्रन्थियों का भेदन करने के लिए ऊर्ध्वगमन करती है। इसके लिए साधक-परम्पराओं में अनेक साधनाएँ प्रचलित हैं। कुण्डलिनी शक्ति के जागरण की साधनाओं की गहरी समझ और अनुभव रखने वाले योगी जानते हैं कि वस्तुतः शक्ति जागरण तब तक पूरा नहीं होता, जब तक शक्ति-शिवा स्वयं साधक पर कृपा नहीं करती। किन्तु इस सिद्धान्त का अर्थ यह भी कदापि नहीं है कि शक्ति जागरण की साधकों द्वारा करणीय अन्यान्य साधनाएँ निष्फल ही हैं या विशेष प्रयोजनीय नहीं हैं। वस्तुतः उन सभी साधनाओं का भी पूरा-पूरा महत्त्व है। अब यहाँ प्रश्न पैदा होता है कि इस सिद्धान्त का रहस्य क्या है?

कहा जाता है कि सुप्त कुण्डलिनी शक्ति को जाग्रत करने के लिए साधनाएँ की जाती हैं, किन्तु प्रश्न तो यह भी है कि यदि भगवती शक्ति ही सोई पड़ी हो, तो अज्ञानान्धकार से आवृत्त चेतना वाला साधक अपने प्रयत्न किसका आश्रय लेकर करेगा?

वस्तुतः नाभिकुण्ड की सूक्ष्मता में कुण्डलिनी शक्ति अग्निरूपेण पूरी जाग्रत ही है, किन्तु प्राणी की चेतना ही पृथ्वी-जल के अणुओं से आवृत्त हुई बहिर्मुखी बनी है। इसलिए उसका सम्बन्ध शक्ति की प्रचण्ड अग्निधारा से नहीं हो पाता। आवश्यकता तो केवल पृथ्वी-जल के अणुओं की परतों के आवरण का भेदन करने की है। सभी साधनाएँ इन परतों का भेदन करने के लिए ही की जाती हैं। एक बार साधक की चेतना का सम्बन्ध कुण्डाग्नि शिखा से हो जाये, फिर तो आवरक परतों की पूर्ण निवृत्ति का रास्ता सहज ही खुल जाता है। फिर तो कुण्डाग्नि शिखा स्वयं ही प्रज्वलित होकर परतों को अपसारित करती जाती है।

आवरण भेदन करने के लिए यद्यपि श्वास और मन्त्र के साथ-साथ अनेक बन्ध-मुद्राओं का उपयोग भी साधक वर्ग में प्रचलित है तथापि इन क्रियाओं के साथ यदि किसी प्रकार से एक प्रचण्ड अग्निधारा का योग भी स्थापित किया जा सके, तो कुण्डलिनी शक्ति जागरण की साधना विशेष तीव्र हो सकती है। यह साधना है– 'अग्नि-क्रियायोग'।

जैसे जल का जल से और मिट्टी का मिट्टी से मिलन सहज ही हो जाता है, वैसे ही **'यद् ब्रह्माण्डे तत् पिण्डे'** के सिद्धान्तानुसार बाह्य देश में स्थित कुण्ड में प्रचण्ड अग्नि शिखा का भी 'अग्नि-क्रियायोग' की पद्धति के द्वारा पिण्डस्थ नाभिकुण्ड में स्थित अग्नि के साथ सहज योग स्थापित किया जा सकता है। नाभिकुण्ड में स्थित अग्नि की आवरक पृथ्वी-जल के अणुओं की परतों को बाह्य देश में स्थित प्रचण्ड अग्नि की ज्वालाएँ 'अग्नि-क्रियायोग' के द्वारा भेदन करती हुई, नाभिकुण्ड की सूक्ष्मता में प्रवेश करने का पथ सहज ही बनायेंगी, क्योंकि अग्नि से अग्नि का मिलन एक सहज प्रक्रिया है।

जैसे एक चिंगारी भी लकड़ी में छिपी अग्नि को प्रकट कर देती है, वैसे ही बाह्यकुण्ड में स्थित अग्निज्वाला नाभिकुण्ड में छिपी कुण्डलिनी की अग्निधारा को प्रकट क्यों नहीं करेगी? बस कुण्ड की अग्नि को नाभिमूल तक पहुँचाने की क्रिया का ज्ञान होना चाहिए। यह क्रिया है 'अग्नि-क्रियायोग'। नाभिकुण्ड से बाह्य देश में स्थित अग्नि की ज्वाला का सम्पर्क होते ही शरीर के अधोभाग में स्थित सार धातु वीर्य तेजोमय होकर ऊर्ध्वमुखी हो उठेगी क्योंकि वीर्य तो कुण्डाग्नि के लिए श्रेष्ठ ईंधन है।

यह ऊर्ध्वमुखी अग्निज्वाला प्राण-अपान को भी अपनी ओर आकर्षित करेगी तथा जिह्वामूल से उठ रहे मन्त्र के कम्पनों को भी आकाश-पथगामी बनायेगी। इस प्रकार कुण्डलिनी शक्ति के पथ की सारी बाधाओं का भेदन 'अग्नि-क्रियायोग' से प्रज्वलित हो उठी नाभि-कुण्डाग्नि के माध्यम से बड़े वेगपूर्वक होने लगेगा।

ध्यान रहे कि कुण्डलिनी शक्ति जिस 'सुषुम्ना' पथ से ऊपर को उठती है, वस्तुतः वह अग्निपथ है। **'सुषुम्ना' में सुरति व श्वास के प्रवेश का अर्थ ही है, सुरति तथा श्वासधारा का अग्नि से योग।** शरीर की ऊपरी परतों तथा इन्द्रिय छिद्रों तक के पथ में पृथ्वी एवं जल के अणुओं का बाहुल्य होता है, जिस कारण श्वास-प्रश्वास की धारा तथा जीभ से उच्चरित मन्त्रों के कम्पनों को सुषुम्ना पथ में प्रविष्ट होने में बाधा होती

है। इसी कारण वीर्य का भी सुषुम्ना में प्रवेश नहीं हो पाता तथा वह निम्न इन्द्रिय छिद्र से बहिर्गामी हो जाता है। 'अग्नि-क्रियायोग' की साधना में अग्नि संचार की विशेष क्रियाओं के द्वारा पृथ्वी-जल की इन आवरक परतों का भेदन करके सुषुम्ना में अग्नि का प्रवेश करवाया जाता है।

'अग्नि-क्रियायोग' क्या है, इसकी विशेष चर्चा तो यथास्थान हो ही चुकी है, किन्तु इस क्रिया से कुण्डलिनी-शक्ति जागरण की प्रक्रिया को स्पष्ट करने के लिए निम्नलिखित कुछ तथ्यों पर पुनः ध्यान देना सहायक होगा।

मुँह, वाणी, आँखें तथा हाथ- ये चार मुख्य करण हैं, जिनके द्वारा बाह्य अग्नि को शरीरस्थ नाभिकुण्ड में पहुँचाया जाता है। 'अग्नि-क्रियायोग' का सरल स्पष्टार्थ है, अग्नि का भोजन करना। जिस प्रकार अन्न-जल रूप भोजन मुँह से किया जाता है, वैसे ही अग्नि का भोजन भी मुख्य रूप से मुँह से किया जाना सम्भव है, किन्तु अन्नादि के भोजन से अग्निरूपी भोजन में कुछ विशेषताएँ हैं। अन्नादि के भोजन में 'ऊष्णता या तेज' पृथ्वी-जल के अणुओं से आवृत्त होती है, किन्तु अग्नि तो है ही ऊष्णता रूप। अग्नि में प्रकाश भी विशेष होता है, जबकि अन्नादि में यह नाम मात्र ही है। अग्नि की ऊष्णता का भोजन मुँह और हाथों से होता है तथा उसके प्रकाश का आँखों के द्वारा।

वैसे तो अग्नि की ज्वाला का स्वभाव है कि वह नीचे से ऊपर को उठती है, किन्तु हमें तो इसे मुँह के रास्ते से नीचे नाभिमूल तक भी ले जाना है। अग्नि को भोजन बनाने की साधना में इस विधि का विशेष महत्त्व है कि अग्निज्वाला को ऊपर से नीचे कैसे लाया जाये। इस विशेष विधि का सार निम्नलिखित है-

(1) 'स्वाहा' मन्त्र का विधिपूर्वक, अग्नि के सान्निध्य में किया गया उच्चारण ही अग्निज्वाला को सुषुम्ना पथ में प्रविष्ट करवा कर, शरीर के विभिन्न अंगों में अग्निसंचार का मुख्य करण है। 'स्वाहा' मन्त्र का प्रारम्भिक अवस्था में तो उच्चारण श्वास छोड़ते हुए ही किया जाता है, किन्तु एक उच्च साधक, जिसने अपना शरीर काफी हद तक मल-दोष से शुद्ध कर लिया है तथा स्थूल आहार के बन्धन से प्रायः मुक्त ही है,

वह श्वास खींचते हुए भी 'स्वाहा' का उच्चारण करने की योग्यता रखता है। अग्नि के सान्निध्य में किये गये स्वाहा मन्त्र के दीर्घ उच्चारण की यह विशेषता है कि वह कण्ठ स्थित कफ-ग्रन्थि का भेदन करके 'हं' और 'सः' की दो विपरीत धाराओं को संयुक्त कर देता है।

(2) इसके अतिरिक्त अग्नि के प्रकाश तथा तेजांश से क्रियाशील हुई आँखों को ध्यान की मुद्रा में थोड़ा अन्दर की ओर खोलते हुए शरीर के उन-उन अंगों पर मन के योग से दृष्टिपात किया जाता है, जहाँ-जहाँ अग्नि को पहुँचाना होता है।

(3) इसके साथ ही साथ हाथों को उन-उन अंगों से स्पर्श किया जाता है, जहाँ अग्निज्वाला को पहुँचाना होता है।

इन तीन सूत्रों में अग्रणी सूत्र है, दीर्घ 'स्वाहा' मन्त्र का ऊँचे और नीचे स्वरों में उच्चारण। एक अच्छा साधक तो अतितार तथा अतिमन्द्र सप्तकों में भी इसका उच्चारण बड़ी सहजता से करता है। ऊँचे स्वरों में किया गया उच्चारण अग्निधारा को उच्चांगों की ओर गतिमान करता है तथा निम्न स्वरों में निम्नांगों की ओर।

यदि कोई अग्निसाधक पाँच सप्तकों में स्वाहा का उच्चारण कर सके, तो कुण्डलिनी योगाग्निधारा शरीरस्थ पाँचों तत्त्वों का भेदन करने की शक्ति अर्जित कर सकेगी। यह एक सुखद अनुभूति है कि एक साधक अग्नि के सान्निध्य से सहज ही स्वर-विस्तार करने की अभूतपूर्व योग्यता अर्जित कर लेता है।

सात सप्तक तक पहुँचते-पहुँचते तो 'स्वाहा' मन्त्र के द्वारा ही साधक की चेतना अग्निमय होकर ब्रह्मरन्ध्र में भी प्रवेश करने की अलौकिक शक्ति को जगा सकेगी। तब मूलाधार से शरीर की सार शक्ति वीर्य का ऊर्ध्वगमन होकर सोमरस में पूर्ण रूपान्तरण का पथ प्रशस्त हो उठता है। यही तो है 'कुण्डलिनी-शक्ति का जागरण'।

कुण्डलिनी-जागरण के उपर्युक्त तीन सूत्रों के अतिरिक्त एक साधक अपने गुरुमन्त्र का श्वास-श्वास जप भी अग्नि के सान्निध्य में करता रहे, तब भी वह प्रकाशपथ का अनुसन्धान सहजता से कर सकेगा। जप के समय यदि वह अग्न्याकाश की धारणा करे, तो सोने में सुगन्ध

वाली बात होगी। उस समय हल्की बन्द आँखों से सम्मुख प्रज्वलित अग्नि की शिखाओं के साथ जब साधक सम्बन्ध जोड़ेगा, तो उसे स्पष्ट ही अपने सामने अग्नि के आकाश की अनुभूति होगी, जिसमें नाना रंगों-तरंगों की अग्नि-धाराएँ धक्-धक् करती हुई झिलमिला रही हैं।

उस समय नेत्रों का अन्दर की ओर विस्तार करते हुए उसे यह धारणा करनी चाहिए (अर्थात् निमीलित नेत्रों और मन के सहयोग से यह देखना चाहिए) कि उसके आगे-पीछे, ऊपर-नीचे, दायें-बायें और अन्दर-बाहर सर्वत्र अग्नि का आकाश विराजमान है और वह स्वयं अग्नि के आकाश में आसनस्थ है। ऐसे में एक श्रद्धावान् साधक के लिए कुण्डलिनी शक्ति भगवती शिवा प्रत्यक्ष आकार धारण करके सम्मुख मूर्तिमान हो उठे, ऐसा बिल्कुल सम्भव है। अपनी भावना तथा धारणा के अनुसार अपने इष्ट के साक्षात् दर्शन करने का सौभाग्य तथा सुयोग भी इन क्षणों में सम्भव है, क्योंकि अग्न्याकाश ही वह तेजोमय द्वार है, जिसमें से होकर सिद्ध तथा अवतारी विभूतियाँ अत्यन्त उच्च लोकों से मर्त्यलोक के साथ सम्बन्ध जोड़ती हैं।

जिज्ञासा : अग्नि-क्रियायोग को एक ओर यज्ञरूपी वैदिक साधना से जोड़ते हैं तो दूसरी ओर कुण्डलिनी-जागरण से, जो कि प्रायः तन्त्र का विषय माना जाता है है। इनका परस्पर समन्वय किस प्रकार करेंगे?

समाधान : सृष्टि के आदि में जहाँ साक्षात् पुरुषोत्तम से वेदों का प्रादुर्भाव हुआ, वहाँ वेद-प्रचार के लिए वेदज्ञ ऋषियों का प्रादुर्भाव भी हुआ। सत्त्वगुण विशिष्ट ऋतम्भरा प्रज्ञा सम्पन्न वेदज्ञ ऋषियों के लिए कोई भी सृष्टि का रहस्य अप्रत्यक्ष नहीं था। परमाणु से लेकर परम महत् तत्त्व पर्यन्त उनकी अबाध गति थी। उस समय **'न विशेषोऽस्ति वर्णानां सर्वं ब्राह्ममिदं जगत्।'** (म.भा.) अर्थात् ब्रह्म और जगत् के बीच में रजो-तमो गुणों के आवरणों से उत्पन्न विशेष भेद नहीं था।

वस्तुतः उस समय की स्थिति का सही आंकलन उनके लिए असम्भव ही है, जो सृष्टि के मूल में एक अद्वितीय परमेश्वर का अभाव मानते हैं। जो नीचे से एक-एक कदम ऊपर उठते हुए अनन्त ब्रह्माण्डों तथा उसके कारण अधिपति को अपनी गिनती के कदमों से नापना चाहते

हैं। यह तो एक ऐसा प्रयास है, जैसे कोई व्यक्ति खुद ही अपने कन्धों पर सवार होकर आकाश में उड़ना चाहे।

उस प्रारम्भिक काल में पृथ्वीलोक, पृथ्वी लोकवासी जीवों तथा जीवों के निवास स्थान शरीरों में भी तमो और रजो गुणीय आवरणों की अत्यधिक न्यूनता थी। स्वर्गादि ऊँचे लोक और पृथ्वी परस्पर संयुक्त भी थे। वेदवाणी कहती ही है **'द्यावापृथिवी सहास्ताम्'** (तै. सं, तै. ब्रा.) अर्थात् 'द्यावा (स्वर्ग लोक) और पृथ्वी एक स्थान पर थे।'

देवों और मानवों का परस्पर साहचर्य था। जिज्ञासु जन पायेंगे कि पुराणों के अनेक कथानकों में इन सबका विस्तृत वर्णन है। वेदज्ञ ऋषियों में धारणा-ध्यान-समाधि के संयमों से ही वेद-मन्त्रों के अर्थों को प्रत्यक्ष करने की योग्यता थी। उन ऋषियों के शरीरों में ही यह अद्भुत विशेषता थी कि कठिन तपश्चर्याओं को करने तथा साधनापूर्वक समाधि लाभ करने के लिए उनके शरीर कोई बाधा नहीं बनते थे। बल्कि वे शरीर उनकी सुरति का सम्बन्ध ब्रह्मलोक आदि उच्च लोकों के साथ बनाने में एक प्रकार के पुल का ही कार्य करते थे। वे साक्षात् सूर्य को ही द्वार बनाकर उच्च लोकों में गमन करने की शक्ति रखते थे। त्रिकाल-सन्ध्या करने वालों अथवा आदित्यव्रती मनीषियों की यह सामर्थ्य सूर्यदेव के साथ सीधा सम्बन्ध जोड़ने वाली साधनाओं के कारण सहज सिद्ध थी। **'कृते तु अस्थिगता प्राणाः'** अर्थात् 'सत्ययुग में प्राण हड्डियों (तैजस धातु) के आश्रित थे।' यह पाराशर स्मृति का वाक्य इन तथ्यों का ही प्रकाशक है।

कालक्रमानुसार सृष्टिचक्र घूमता रहा। पृथ्वी और स्वर्गादि लोकों की दूरी बढ़ती गयी। पृथ्वी में जड़ता की वृद्धि के साथ-साथ मानवशरीरों में भी पृथ्वी और जल के अणुओं की आवरक परतें निर्मित होने लग पड़ीं। शरीरों में अग्नितत्त्व की कमी होने लगी। इसलिए हड्डियों के स्थान पर **'त्रेतायां माँसमाश्रिताः'** अर्थात् 'त्रेतायुग में प्राणों को अन्न से निर्मित मांस के आश्रित होना पड़ गया।'

धीरे-धीरे जड़ताप्रधान तत्त्व के आश्रित होने के क्रम में आँखों में तेज की मात्रा कम होने लगी। इस कारण दीर्घ समयों तक दृष्टि पथ से

सूर्य के साथ सीधा सम्बन्ध जोड़ कर वेद-मन्त्रों का उच्चारण करके सन्ध्या करने वाले ऋषियों की संख्या कम होने लगी। जहाँ सत्ययुग में सूर्य के सान्निध्य में वेद-मन्त्रों के सस्वर उच्चारणों से ही वेद-मन्त्रों के अर्थ प्रकट हो जाते थे, वहाँ अब अग्नितत्त्व के आवृत्त होने की प्रक्रिया से वेदार्थों में भी आवरण की परतें चढ़ने लगीं। इन बाधक परतों का भेदन करने के लिए त्रेतायुग में अग्नि-यज्ञों का चलन विस्तार को प्राप्त होने लगा। **'तानि त्रेतायां बहुधा सन्ततानि'** (मु. उ. 1/2/1)। प्रज्वलित अग्नि के सान्निध्य में अग्नि को आत्मसात् करते हुए वेद-मन्त्रों के सस्वर उच्चारणों से भी उसी प्रकार वेदार्थ प्रकट होने लगे, जिस प्रकार सूर्य के सान्निध्य में होते थे। आधिदैविक अर्थात् ब्रह्माण्डीय तथा आध्यात्मिक अर्थात् पिण्डीय तत्त्वों को परस्पर जोड़ने का काम कुण्डस्थ प्रज्वलित अग्नि के माध्यम से किया जाने लगा। इन यज्ञीय साधनाओं को हम दो चरणों में बाँट सकते हैं-

प्रथम चरण में तो अग्नि के योग से शरीरस्थ पृथ्वी और जल के आवरण अणुओं का भेदन किया जाता था। इसमें एक प्रकार अग्नि को भोजन के रूप में ही मुख तथा नेत्रादि इन्द्रियों के द्वारा ग्रहण किया जाता था। जिससे शरीर अग्निमय हो उठता था।

द्वितीय चरण में सस्वर वेद-मन्त्रों के उच्चारण की साधना करते हुए वेदार्थों में धारणा, ध्यान तथा समाधि योग का अभ्यास होता था, जिससे कि सृष्टि के रहस्य उन मनीषियों के अन्तःकरण में प्रकट हो उठते थे। साधना के चरम फल के रूप में वे साक्षात् ब्रह्म-साक्षात्कार को भी प्राप्त होते थे, किन्तु धीरे-धीरे कालचक्र के प्रभाव से इन अग्नि-साधनाओं में भी अज्ञान की परतों के आवरण आने लगे। जिस क्रम से शरीरों में जड़ता बढ़ रही थी, उसी क्रम से प्राणों तथा सुरति की विषय पदार्थों में आसक्ति भी बढ़ने लगी। फलस्वरूप मानवों के लक्ष्य पदार्थ भी सृष्टि के रहस्य व वेदज्ञान न होकर भौतिक पदार्थ ही होने लगे। इतना ही नहीं, इन अग्नि-साधनाओं के विनियोग भी धन, पशु व अन्यान्य विषयों के लिए तथा स्वर्गादि सुखों की प्राप्ति के लिए किये जाने लगे।

द्वापर युग में इस प्रकार के बाह्य कर्मकाण्ड का प्रचार और अधिक

हुआ। **'द्वापरे रुधिरं चैव'** अर्थात् द्वापर युग के शरीरों में तो जलतत्त्व के अणुओं की प्रबलता और भी अधिक होने के कारण प्राण बहिर्गामी होकर चंचल हो उठे तथा वे रुधिर के बहिर्मुखी वेग के आश्रित गति करने लगे।

वर्तमान समय कलियुग है। **'कलौ तु अन्नादिषुस्थिता'**, आजकल तो शरीर में इतनी जड़ता है कि प्राणों की धारा बहिर्मुखी ही नहीं, अपितु बाह्य विषयों की गुलाम भी बन गयी है। शरीरों में तमोगुण की ही प्रधानता है, इस कारण प्राण भी अन्नादि के आश्रित हो गये हैं। कलियुगी शरीर में तो सुषुम्नामय अग्निपथ के ऊपर अनेक ग्रन्थियों-चक्रों के जालों के आवरण पड़ गये हैं। शरीररस्थ ऊर्ध्वगामिनी अग्निधारा में प्रवेश प्राप्त करने के लिए एक साधक को पृथ्वी और जल के अणुओं की अनेक आवरक पर्तों को लाँघना पड़ता है। एक तो कलियुगी शरीर की रचना ही ऐसी है, दूसरे अल्पवीर्य एवं अल्पप्राण मानवों के चित्तों का विषयों का गुलाम होना। इस कारण सूर्य और अग्नि-साधनाओं की सनातन परम्पराएँ लुप्तप्राय हो गयीं हैं।

शरीररस्थ ब्राह्मी ज्योति के ब्रह्मरन्ध्र में आवृत्त होने का क्रम तो त्रेतायुग से ही शुरू हो गया था, किन्तु कलियुग आते-आते चक्रों और ग्रन्थियों की जटिलताओं के कारण यह ब्राह्मी ज्योति अपने सबसे निम्न स्थान मूलाधार में इतनी अधिक परतों के आवरणों में छिप-सी गयी कि उसे सुप्त अवस्था का नाम दे दिया गया है। यह ब्राह्मी ज्योति ही सुप्त कुण्डलिनी-शक्ति है।

कलियुग में यदि कोई साधक ब्रह्मरन्ध्रस्थ निरावृत्त ब्राह्मी ज्योति (जो स्वयं ज्ञानरूपा है, जिससे सभी वेदों का प्रादुर्भाव हुआ है) से आत्मरूपेण पूर्ण साक्षात्कार करना चाहता है, तो उसे मूलाधार तथा अन्यान्य चक्रों के ऊपर पड़े हुए आवरणों की परतों को खोलना होगा। उसे ब्राह्मी ज्योति की शक्ति-धारा में अपने आपको युक्त करके सीढ़ी दर सीढ़ी ऊपर उठते हुए ब्रह्मरन्ध्र में आत्ममय होना होगा। प्रचलित शब्दों में कह सकते हैं कि उसे कुण्डलिनी-शक्ति को जगाने की साधना करनी होगी।

पुरातन युगों में शरीरों में रजो-तमोमय पृथ्वी और जल के अणुओं

की परतें विरल होने के कारण उत्तम साधकों को विभिन्न प्रकार की आसन-बन्ध व मुद्राओं को करने की विशेष आवश्यकता नहीं पड़ती थी। वे तो 'सूर्य-योग' व 'अग्नि-योग' के माध्यम से ध्यान-धारणा करते हुए सीधे ही ब्राह्मी शक्ति के साथ युक्त हो सकते थे।

वर्तमान समय में कुण्डलिनी-शक्ति जागरण की साधनाओं में अनेक बन्ध-मुद्राओं का प्रचलन है। यह सब उन कालातीत महापुरुषों की ही कृपा है, जो ब्रह्मज्ञ थे और जिन्हें सत्ययुगी शरीर तथा कलियुगी शरीरों की भिन्नताओं का बोध था। उन्होंने ही ये आविष्कार किये कि किस क्रिया से, बन्ध-मुद्रा से उन नाना ग्रन्थियों-चक्रों का भेदन करना है, जो कलियुगी शरीरों के शक्ति पथ में आवरण का काम कर रही हैं। इन **विभिन्न आसनों, बन्धों, मुद्राओं तथा अन्यान्य सहकारी क्रियाओं के सहयोग से शरीरस्थ अग्निधारा सुषुम्ना पथ में सुरति और प्राणों को ले जाने की साधनाओं की ही तन्त्र के नाम से सामान्य साधकों में प्रसिद्धि है।** बहुत जगह शरीर से भिन्न उपकरणों तथा द्रव्यों का उपयोग भी चेतना को शरीर के अन्दर ले जाने के लिए किया जाता है। इन साधनाओं को भी 'तन्त्र' के नाम से जाना जाता है।

साधना कैसी भी हो, मुख्य प्रयोजन तो शरीरस्थ ब्राह्मी शक्ति से युक्त होने में है। युग भेद तथा साधकों के स्तर के भेद अनुसार साधनाओं में समय-समय पर भेदों का होना एक सहज स्वाभाविक तथ्य है। यह सत्य है कि वेदान्त के ग्रन्थों में, पातंजल योगदर्शन में, भक्तिदर्शन में, गीता आदि ग्रन्थों में कुण्डलिनी शब्द यथावत् नहीं मिलता, किन्तु 'कुण्डलिनी' इस शब्द के अभाव से ही यह निर्णय नहीं निकल सकता कि ज्ञान, योग, भक्ति आदि साधनाएँ अलग हैं तथा 'कुण्डलिनी-शक्ति जागरण' इन सबसे भिन्न ही कोई साधना है। वस्तुतः सभी साधनाओं का लक्ष्य तो शक्ति-जागरण ही है।

शंका : यदि एक व्यक्ति का अग्नि से योग स्थापित हो जाये, वह अग्नि को ही अपना भोजन बना सके, तो इससे बढ़कर और क्या बात हो सकती है। जड़ता और स्थूलता को जीतकर वह सहज ही दिव्यता की ओर बढ़ सकेगा, लेकिन इस अग्नि-साधना में अनेक मन्त्रों का प्रयोग किया जाता है और फिर उनका उच्चारण भी विभिन्न स्वरों में किया जाता है। एक विद्वान् के लिए तो यह साधना करना सम्भव हो सकता है, किन्तु एक साधारण व्यक्ति वेद मन्त्रों का सही उच्चारण कैसे कर सकेगा? कहीं ऐसा न हो कि गलत उच्चारण करने से लाभ की जगह हानि ही हो जाये, क्योंकि अनादिकाल से यह नियम प्रचलित है कि वेदमन्त्र स्वर से, वर्ण से हीन या भ्रान्त रीति से उच्चारण करने पर यथार्थ अर्थ का बोध नहीं कराते। अशुद्ध उच्चारण से यजमान का नाश भी हो सकता है। इस विषय में एक श्लोक भी प्रसिद्ध है:-

मन्त्रो हीनः स्वरतो वर्णतो वा मिथ्याप्रयुक्तो न तमर्थमाह।
स वाग्वज्रो यजमान हिनास्ति यथेन्द्रशत्रुः स्वरतोऽपराधात्॥

अर्थात् 'अशुद्ध उच्चारण वज्र की भाँति यजमान का नाश कर देता है, जैसे कि स्वरदोष के कारण वृत्रासुर का हुआ।'

सामान्यतया गायत्री आदि मन्त्रों का तो आम जनता भी उच्चारण करती ही रहती है, किन्तु अग्नि के सम्मुख विशेष मन्त्रों का उच्चारण करने में थोड़ी-सी भी भूलचूक से क्या कोई अनिष्ट नहीं होगा?

सरल समाधान

प्रत्यक्ष से बढ़कर तो कोई प्रमाण नहीं होता। हजारों लोग अग्नि-साधना कर चुके हैं, जिनमें अधिकांश ऐसे लोग थे, जो सस्वर मन्त्र तो क्या संस्कृत के वर्णों का उच्चारण तक नहीं कर सकते थे। फिर भी उनमें से कोई भी ऐसा नहीं था, जिसे इस साधना से विशेष लाभ न प्राप्त हुआ हो, हानि होने की तो कोई बात ही नहीं। वैसे इसमें भी कोई शक की बात नहीं कि यदि ये लोग सस्वर शुद्ध उच्चारण कर सकते, तो और भी अधिक लाभ होता।

ये प्रत्यक्ष प्रमाण उन सभी को तो अग्नि-साधना में प्रवृत्त करने का प्रबल आधार बन सकते हैं, जो कुछ नया करने के इच्छुक रहते हैं, जिनमें श्रद्धा भी है और जिज्ञासा भी है, लेकिन जो बुद्धिजीवी हैं, उनके लिए दूसरों का प्रत्यक्ष प्रमाण भी अधिक से अधिक यह आनुमानिक धारणा ही पैदा कर सकता है कि शायद अग्नि-साधना से कुछ लाभ भी हो सकता हो, पर क्या पता कुछ हानि भी हो सकती हो, इसका पूरा पता तो साधना करने तथा इसके रहस्यों को जानने पर ही लग सकता है। इसलिए कुछ लोगों के प्रत्यक्ष अनुभव के साथ-साथ आगम (शास्त्र) और अनुमान प्रमाण के द्वारा भी इस प्रश्न का समाधान कर लेना उचित है, जिससे कि बुद्धिजीवियों की शंका का निवारण भी हो सके और उन्हें प्रेरणा भी मिल सके।

जब भी मन्त्रों के शुद्धाशुद्ध उच्चारण की चर्चा चलती है, तो विद्वानों में **'यथेन्द्रशत्रुः स्वरतोऽपराधात्'** इस पंक्ति का जहाँ-तहाँ प्रयोग किया ही जाता है। अतः आइए इस पर विचार करें।

वृत्रासुर की उत्पत्ति और वध का श्रीमद्भागवत में व्यासजी ने बड़ा सुन्दर वर्णन किया है। आदित्य त्वष्टा के पुत्र विश्वरूप थे, जिनकी माता आसुरी थी। विश्वरूप अति तेजस्वी थे, किन्तु उनमें आसुरी गुण भी थे।

एक बार घोर संग्राम में देवराज इन्द्र के हाथों उनका वध हुआ। विश्वरूप की मृत्यु से शोकाकुल त्वष्टा तब **'इन्द्रशत्रो विवर्धस्व माचिरं जहि विद्विषम्'** हे इन्द्रशत्रो! तुम्हारी वृद्धि हो और शीघ्र से शीघ्र तुम अपने शत्रु को मार डालो। (6/9/11), इस मन्त्र से इन्द्र का शत्रु उत्पन्न करने के लिए यज्ञ करने लगे। यज्ञ समाप्त होने पर दक्षिणाग्नि से एक बड़ा भयानक दैत्य प्रकट हुआ, जैसे प्रलयकालीन विकराल काल ही हो। **'विष्वविवर्धमानं तमिषुमात्रं दिने दिने'** वह प्रतिदिन अपने शरीर के सब ओर बाण के बराबर बढ़ जाया करता था। यही वृत्रासुर था।

इस तमोगुणी वृत्रासुर ने सारे लोकों को घेर लिया। बड़े-बड़े देवता एक साथ उस पर टूट पड़े तथा अपने-अपने दिव्यास्त्रों से प्रहार करने लगे, परन्तु वृत्रासुर उनके सब अस्त्र-शस्त्रों को निगल गया। देवतागण वृत्रासुर के सामने प्रभावहीन हो गये, उनका तेज जाता रहा। अब तो उनकी एकमात्र शरण आदि नारायण ही थे। देवताओं की प्रार्थनाओं से प्रसन्न हुए भगवान् ने कहा, 'देवराज इन्द्र! तुम देर न करो। ऋषि शिरोमणि दधीचि के पास जाओ और उनसे उनका शरीर जो विद्या, व्रत और तप का संचित सार स्वरूप ही है, उसे माँग लो। उनके शरीर के श्रेष्ठ अंग से निर्मित वज्र द्वारा तुम मेरी शक्ति से युक्त होकर वृत्रासुर का संहार कर सकोगे।'

महान व्रती विश्वात्मबोधा महर्षि दधीचि ने समाधि में स्थित होकर विश्व कल्याणार्थ देवराज को अपने शरीर का ही दान कर दिया। इन्द्र ने ऋषि की हड्डियों से विश्वकर्मा द्वारा वज्र का निर्माण करवाया। भयानक संग्राम में अन्तत: देवराज इन्द्र उस वज्र के द्वारा वृत्रासुर का वध करने में समर्थ हुए।

यह है उस रहस्यमयी भागवत कथा का अत्यन्त संक्षिप्त वर्णन। जिससे यह संकेत-बोध प्राप्त होता है कि किस प्रकार ईश्वर-कल्प वेदवेत्ता ऋषिगण सृष्टि की उत्पत्ति, स्थिति तथा संहार के कार्यों में वेदमन्त्रों के उच्चारण, यज्ञानुष्ठानों तथा अन्यान्य ध्यान-समाधि की साधनाओं के द्वारा प्रवृत्त होते थे, किन्तु प्रस्तुत प्रसंग में हमारी चर्चा का विषय प्रचण्ड अग्नि के माध्यम से यज्ञमयी साधना के सिद्धान्तों की ओर संकेत करना मात्र ही है।

क्या कारण था कि आदित्यदेव त्वष्टा ने जिस प्रयोजन (इन्द्र-वध) के लिए यज्ञ किया, उसमें वे सफल नहीं हो सके? सबसे मुख्य बात इस चर्चा में ध्यान रखने की यही है कि वह समय सत्ययुग का ही नहीं, सृष्टि की उत्पत्ति का रचनाकाल भी था। (इस समय तो 28वाँ सत्ययुग व्यतीत हो चुका है और वर्तमान में 28वाँ कलियुग चल रहा है।)

कलियुग में मैथुनी सृष्टि का ही बोलबाला है, जब नर और मादा के संयोग से सृष्टि उत्पन्न होती है। उधर वृत्रासुर की उत्पत्ति 'अग्नि' से हुई थी। अग्न्याकाश में मन्त्र **(इन्द्रशत्रो विवर्धस्व)** के शक्तिशाली आघातों से घनीभूत हुआ वृत्रासुर का अलौकिक शरीर मूर्तिमान होकर यज्ञकुण्ड से प्रकट हुआ था। यह एक महान् वैदिक विज्ञान है, जो वर्तमान कलियुग में तो लुप्त ही हो चुका है। यद्यपि द्वापर युग के अन्त तक कोई विरले ऋषि इसे जानते थे, जब प्रसिद्ध द्रौपदी की उत्पत्ति इसी विज्ञान के द्वारा यज्ञकुण्ड से ही हुई थी।

वृत्रासुर की इस उत्पत्ति-प्रक्रिया में आदित्यदेव त्वष्टा ही वृत्र के पिता थे तथा यज्ञाग्नि ही उसकी माता थी। यज्ञाग्निरूपी गर्भ से आदित्य के मुख से नि:सृत शक्तिशाली मन्त्रात्मक वीर्य के द्वारा वृत्र का जन्म हुआ। (ध्यान रहे, पूर्व जन्म में वृत्रासुर एक महान् योगी थे, जिन्हें

भागवती पार्वती के शाप स्वरूप वर्तमान जन्म धारण करना पड़ा था।) यज्ञाग्नि से जन्म लेने के बाद मन्त्रशक्ति **'विवर्धस्व'** के वीर्य के कारण वृत्र का शरीर बड़ी तेजी से बढ़ने लगा। इतना अधिक वह बढ़ा कि समस्त देवताओं को भी अपने प्रभाव के अधीन कर लिया। देवराज सहित कोई भी देवता उसे पराजित नहीं कर पा रहा था, किन्तु फिर भी उसका वध हुआ ही, वह भी इन्द्र के ही हाथों से।

क्या कारण हो सकता है इसका? क्या इसलिए उसका वध हुआ कि **'इन्द्रशत्रो ...'** इस मन्त्र के उच्चारण में कोई त्रुटि रह गयी या इसलिए उसका वध हुआ कि इन्द्र को दधीचि ऋषि की हड्डियों से निर्मित वज्र की प्राप्ति हो गयी थी और साथ ही भगवान् विष्णु का आशीर्वाद भी, जैसा कि श्रीमद्भागवत में व्यासजी ने वर्णन किया है या इसके अतिरिक्त कुछ और भी रहस्य है?

यदि हम सृष्टि के रहस्यों पर विचार करें, तो भगवान् विष्णु का आशीर्वाद तो अमोघ ही है, वह तो व्यर्थ नहीं हो सकता। साथ ही यज्ञ का फल भी गलत नहीं हो सकता। जिस कार्य के लिए जो यज्ञ पूरे विधान से वेदवेत्ता ऋषियों के द्वारा किया जाये, उसका फल भी मिलना ही चाहिए, क्योंकि यज्ञ के परम देव भी सृष्टिकारक विष्णु स्वयं ही हैं। फिर ऐसा कैसे सम्भव हुआ कि यज्ञदेव स्वयं विष्णु भगवान् ने ही यज्ञ के फल के विरुद्ध आशीर्वाद ही नहीं दिया, वृत्र के वध का रास्ता भी बता दिया।

यदि यज्ञ विधिपूर्वक न किया गया होता या श्रद्धा में कोई कमी होती या यज्ञकर्ता आदित्य ही यज्ञ करने के अधिकारी न होते, उनको मन्त्रों का पूरा ज्ञान न होता, तो यज्ञाग्नि से वृत्रासुर की उत्पत्ति ही किस प्रकार सम्भव होती? यज्ञाग्नि से सृष्टि की उत्पत्ति एक असाधारण ब्रह्मर्षि ही कर सकता है, किसी अन्य अच्छे ऋषि या तपस्वी के भी बस की यह बात नहीं है। इसमें कोई शक नहीं है कि आदित्यदेव यज्ञ-विज्ञान के पूरे ज्ञाता थे। इसी कारण न सिर्फ वृत्र की यज्ञ से उत्पत्ति ही हुई, मन्त्रार्थ के अनुसार उसकी वृद्धि भी हुई। उसने अति शीघ्र ही विशाल आकार को भी धारण कर लिया। इतना ही नहीं उसके पराक्रम का

सामना करने में समस्त देवगण मिलकर भी समर्थ नहीं हो सके। फिर भी अभी यह प्रश्न अनुत्तरित ही है कि वृत्रासुर का इन्द्र के ही हाथों वध क्यों हुआ, जिसको मारने के लिए ही उसको उत्पन्न किया गया था? आखिर कहाँ कमी रह गयी?

विद्वानों ने इसका उत्तर यह दिया है कि **'इन्द्रशत्रो विवर्धस्व'** के उच्चारण में सही स्वरों का योग नहीं हो पाया। बात यही सही लगती है, क्योंकि और कोई प्रकट कारण नजर नहीं आता। प्रश्न तब भी यही है कि इतने बड़े ब्रह्मर्षि आदित्यदेव से, वेद-वेदांगों के पूर्ण ज्ञाता से वृत्र की उत्पत्ति से लेकर उसके शरीर और पराक्रम की अतिशय वृद्धि तक सब कुछ ठीक-ठाक होते हुए भी यह भूल हो कैसे गयी? यदि इतने बड़े ऋषि इतनी भयंकर भूल कर सकते हैं, तब एक सामान्य मानव की तो बात ही क्या कहनी, उसे तो यज्ञ करने का ख्याल तक नहीं करना चाहिए। वह तो कभी भी भूल कर सकता है। तब तो वेदोक्त यज्ञ-क्रिया जीवों के कल्याण के लिए प्रकट हुआ एक मंगलकारी विधान न होकर एक खतरनाक साधना ही है, जिसका प्रचार बन्द होना चाहिए, किन्तु बात ऐसी नहीं है।

वस्तुतः यज्ञ-विधान तो स्वयं ईश्वरमुख से उसकी अपनी प्रजा के कल्याण के लिए ही प्रकट हुआ। यज्ञ-विज्ञान का रहस्य यदि धारण कर लिया जाये, तो यज्ञ-साधना में किसी भी प्रकार के अनिष्ट की कोई आशंका नहीं रहेगी और साधना मंगलदायक भी होगी। यह भी समझ में आ जायेगा कि सब कुछ ठीक होने पर भी वृत्र का वध क्यों हुआ? यद्यपि इस रहस्य की चर्चा हम शुरू में कर ही चुके हैं, फिर भी प्रस्तुत प्रश्न के सन्दर्भ में इसे और स्पष्ट करने की कोशिश करते हैं।

यज्ञ-साधना के मूल में है अग्नि-क्रियायोग, जिसमें :-

(1) मुख्यतया हाथ, आँख और जिह्वा (वाणी) तथा सामान्यतया सारे शरीर के द्वारा प्रज्वलित अग्नि के सम्मुख आसनस्थ होकर अग्नि के साथ जुड़े रहना ही साधना का मूल आधार है।

(2) अग्नि द्वार है, अग्नि के भी अग्नि परमपुरुष विष्णु या पुरुषोत्तम अकालपुरुष से सम्बन्ध जोड़ने का।

(3) कुण्डस्थ प्रचण्ड अग्नि के माध्यम से पिण्डस्थ (शरीरान्तर्वर्ती) अग्नि को प्रज्वलित करना ही अग्नि-साधना है। यदि श्रद्धा और सही क्रिया पूर्वक यह साधना की जाये, तो इसमें कभी कोई अनिष्ट होने की सम्भावना नहीं है। जितनी अधिक अग्नि शरीर के अन्दर जाग्रत होगी, वह भक्ति तथा श्रद्धा के कारण शरीर के केन्द्र सुषुम्नापथ से ब्रह्मरन्ध्र की ओर ही गति करेगी, क्योंकि अग्नि का स्वभाव ही ऊपर उठना है। ऊपर को उठने का अर्थ है- शरीरस्थ सूक्ष्म चेतना केन्द्रों में अग्निधारा का प्रवेश होना। (प्रवेश प्राप्त होने की साधना में शरीर में बेशक कुछ उथल-पुथल या हलचल हो, परिणाम शरीर की शुद्धि में ही होगा।)

(4) अग्नि का मूल केन्द्र शरीर के अन्दर ब्रह्मरन्ध्र या हृदयाकाश में विराजित परम विष्णु (सदाशिव या अकाल पुरुष) ही हैं। शरीरस्थ अग्निधारा की परमात्मा से मिलन के लिए हो रही गति क्या जीव को कभी भी किसी प्रकार का अमंगल या अनिष्ट प्रदान कर सकती है? यह तो सम्भव ही नहीं है, क्योंकि परमात्मा तो समस्त मंगलों के भी मंगल, परमानन्द स्वरूप, ज्ञान स्वरूप हैं। उनसे मिलन के लिए या उनकी ओर बढ़ रहे जीव के कदम तो जीव के समस्त विघ्नों के ही नहीं, आधि-व्याधि शोक-मोह तथा काम-क्रोध-लोभ एवं अज्ञान के भी नाशक होने ही सम्भव हैं, विपरीत फलप्रदायक कभी नहीं। गीता में भगवान् ने स्वयं घोषणा की है, **'नेहाभिक्रमनाशोऽस्ति प्रत्यवायो न विद्यते'** अर्थात् 'मेरी ओर उठाया गया एक भी कदम कभी व्यर्थ नहीं जाता और उसका कभी अनिष्ट फल नहीं होता।'

अग्निस्वरूप परमात्मा तो पारलौकिक ही नहीं, लौकिक (धन, ऐश्वर्य आदि) फलों के भी दाता हैं, किन्तु जब भगवत्प्राप्ति की ही कामना रखकर यज्ञ-साधना की जाये, तब तो अग्नि के माध्यम से मानो भगवान् की साक्षात् कृपाशक्ति का ही अवतरण होना शुरू हो जाता है।

यदि भगवान् प्राप्ति के साधन मूलशरीर को स्वस्थ बनाने के लिए, अनेक शारीरिक या मानसिक रोगों से मुक्त होने के लिए अग्नि-साधना की जाये तब भी किसी प्रकार के अनिष्ट होने की सम्भावना नहीं है, केवल श्रद्धा और सही विधि की जानकारी होना जरूरी है। मन्त्रों के

उच्चारण में भी तब भाव की प्रधानता ही काम करेगी, स्वर ऊँचा-नीचा भी हो जाये, तो कोई अनिष्ट नहीं होगा। (यदि स्वर भी सधे हुए हैं, तो विशेष लाभ होगा, इसमें कोई शक नहीं।)

स्वरों के सही उच्चारण की आवश्यकता तो तब पड़ती है, जब प्राणी सकाम साधना करता है। **सकाम साधना का अर्थ है कि उसका प्राप्तव्य लक्ष्य साधक के शरीर से भिन्न और बाहर कोई सांसारिक नश्वर पदार्थ है।** ऐसी प्रार्थनाओं में भी मन्त्रोच्चारण में हुई अनजानी और अनचाही गलती का मार्जन तो भाव-भक्ति से भगवान् के चरणों में की गयी प्रार्थना से भी हो जाता है, यदि इन प्रार्थनाओं में किसी का अनिष्ट नहीं होता बल्कि अपने लाभ में दूसरे का लाभ भी छिपा रहता है। समस्या तब सचमुच आ सकती है, जब यज्ञ साधना के द्वारा अपना हित साधने के लिए किसी का अनिष्ट प्रयोजनीय होता है अथवा अपना हित साधने में जाने या अनजाने किसी का भी अहित छिपा हो। जैसे मैं प्रथम आना चाहता हूँ, यह अनचाहे भी दूसरे प्रतिद्वन्द्वी को दूसरे स्थान पर धकेलने की प्रार्थना है। मेरी दुकान में ग्राहक अधिक आयें, इसका अर्थ अनजाने में भी यह हो सकता है कि पड़ोसी की दुकान के ग्राहक भी मेरी दुकान में आयें। मेरे कारोबार में वृद्धि हो, इस प्रार्थना में अनजाने ही किसी दूसरे का अनिष्ट भी छिपा हो सकता है। ऐसी प्रार्थनाएँ प्रायः पूरी नहीं हो सकतीं, किन्तु **यदि जानबूझ कर किसी का अहित करने की प्रार्थना की जाये, तो यज्ञ-विधान में हुई थोड़ी-सी भूलचूक यज्ञकर्ता का ही अनिष्ट करने का कारण बन जायेगी।**

इससे भी बढ़कर यदि यज्ञ-साधना के द्वारा किसी का अहित ही नहीं बल्कि अहं, द्वेष या क्रोध के कारण सृष्टि धारा में ही अव्यवस्था पैदा करना इष्ट हो, ईश्वरीय विधान के ही उलट जाना प्रयोजन हो, तो अवश्य ही यज्ञकर्ता का अनिष्ट होगा। यदि वह एक बड़ा यज्ञवेत्ता तथा तपस्वी भी है, तब भी यज्ञ-विधान में उससे कहीं न कहीं कोई भूलचूक हो ही जायेगी और उस भूल का कारण होगा, उसके हृदय में उठ रहा क्रोध और द्वेष का तूफान। जिसके कारण यज्ञ पुरुष परमात्मा से विमुख हुआ वह तापस भी कोई भूल कर ही बैठेगा। यही हुआ आदित्यदेव त्वष्टा के साथ। क्रोध और द्वेष के कारण सुराधिपति इन्द्र, जिसके रक्षक

स्वयं भगवान् विष्णु थे, की ही हत्या करने के लिए किये गये मन्त्रोच्चारण में स्वरभंग हो ही गया। यह सभी जानते हैं कि क्रोध-द्वेष के आवेग में प्राणधारा बहिर्मुखी होकर अपने मूल स्रोत सुषुम्ना-पथ से कहीं न कहीं टूट ही जाती है।

त्वष्टा से ऐसी कौन-सी भूल हो गयी थी कि वृत्रासुर की उत्पत्ति से उसकी वृद्धि तक सब कुछ ठीक-ठाक होते हुए भी आखिरकार उसका वध इस प्रकार से हुआ? **'इन्द्रशत्रो विवर्धस्व...'** यही मुख्य मन्त्र था। इसका सरलार्थ है 'इन्द्र शत्रु की वृद्धि हो...'। 'इन्द्रशत्रु' इस पद के दो अर्थ बिल्कुल स्पष्ट हैं: एक तो 'इन्द्र के शत्रु' की वृद्धि हो तथा दूसरा 'इन्द्र रूपी शत्रु' की वृद्धि हो। पहले अर्थ में वृत्रासुर की वृद्धि इष्ट है और दूसरे अर्थ में इन्द्र की ही वृद्धि इष्ट बन जाती है। दूसरी ध्यान देने योग्य बात यह है कि 'इन्द्रशत्रो' इस पद से इन्द्र और वृत्रासुर में एक सम्बन्ध भी जोड़ा गया है। पहले अर्थ में इन्द्र का शत्रु वृत्रासुर है और दूसरे अर्थ में वृत्रासुर का इन्द्र रूपी शत्रु है।

यज्ञ तो वृत्रासुर की उत्पत्ति के लिए ही किया गया था, इसलिए जन्म तथा वृद्धि भी वृत्रासुर की ही होनी थी और वह हुई भी इन्द्र की सामर्थ्य तथा वृद्धि की तुलना में ही, लेकिन वृत्र की इतनी ही वृद्धि हुई कि वह इन्द्र का पार नहीं पा सका और इन्द्र के हाथों मारा गया। यज्ञ-विधान अन्यान्य सभी अंगों में ठीक होने के कारण वृत्रासुर इतना पराक्रमी तो बन गया कि इन्द्र को भगवान् विष्णु की शरण लेनी पड़ी। यज्ञ करने में थोड़ी-सी ही भूल यह थी कि केवल एक स्वर में न्यूनता होने के कारण त्वष्टा का इन्द्र को मारने का संकल्प यज्ञपुरुष भगवान् विष्णु तब पहुँचते-पहुँचते रह गया। भूल यह भी थी कि **'इन्द्रशत्रो'** इस पद में 'इन्द्र' के उच्चारण में उदात्त स्वर (ऊँचे स्वर) तथा 'शत्रो' के उच्चारण में स्वरित (मध्यम) स्वरों का प्रयोग अनजाने ही हो गया। इसीलिए वृत्रासुर की वृद्धि इन्द्र के सम तो हुई, किन्तु इन्द्र से बढ़कर नहीं। दूसरी ओर इन्द्र ने भगवान् विष्णु के आश्रित होकर वृत्रासुर पर विजय प्राप्त कर ली। इन्द्र ने तो भगवान् विष्णु से सम्बन्ध भक्तिभाव से जोड़ लिया, किन्तु वृत्रासुर का सम्बन्ध क्रोध तथा हिंसा के कारण, यज्ञ के माध्यम से भी, भगवान् के साथ न बन सका। (वृत्र और इन्द्र की

कथा में छिपे सृष्टि रहस्यों की चर्चा तो अप्रासंगिक ही होगी, क्योंकि उनका एक अग्नि-क्रिया के साधक के साथ कोई प्रत्यक्ष सम्बन्ध नहीं जुड़ता।)

इस सारी चर्चा का निष्कर्षार्थ यही है कि बहुचर्चित इसी 'इन्द्रशत्रो विवर्धस्व..' के दृष्टान्त में यज्ञ के द्वारा अनिष्ट फल की प्राप्ति में मुख्य कारण त्वष्टा की ईश्वर-विरोधी, सृष्टि-संहारक क्रोध तथा हिंसा की बदला लेने वाली भावनाएँ हैं तथा गौण कारण मन्त्रोच्चारण में हुआ स्वर भंग है। वस्तुतः स्वर भंग भी प्रतिशोध भाववश बहिर्मुखी प्राणों के वेग के कारण ही हुआ।

इस प्रकार यह बात बिल्कुल स्पष्ट हो जाती है कि अग्नि-साधना को चाहे कोई भी व्यक्ति करे, उसको अनिष्ट फल प्राप्त नहीं हो सकता, फल प्राप्ति में कुछ कमी चाहे हो या फल कुछ विलम्ब से प्राप्त हो, क्योंकि-

(1) तन-मन को स्वस्थ बनाने के लिए की गयी साधना एक निष्काम साधना है। शरीर को स्वस्थ तथा सबल रखना प्राणिमात्र की सहज स्वाभाविक प्रवृत्ति है, इसमें किसी दूसरे के अहित की भावना का लेश भी नहीं है। स्वस्थ शरीर का अर्थ ही है, जब तन-मन-इन्द्रियों से प्राण तथा सुरति अन्तर्मुख होकर सुषुम्ना की ओर गति करते हैं। यह तो परमात्म देव से योग की साधना ही है, इसमें विपरीत फल हो ही नहीं सकता।

(2) निष्काम साधना में गायत्री, मृत्युंजय आदि भगवान् की स्तुति, उपासना, साधना-विषयक किसी भी मन्त्र के उच्चारण में प्रचलित स्वर क्रम में कोई व्यतिक्रम भी हो जाये, तो अनिष्ट फल नहीं होगा। केवल यही होगा कि शरीर के अन्दर अग्निमय मन्त्रात्मक कम्पनों की धारा का वेग बदल जायेगा लेकिन गति होगी तो सुषुम्ना की ओर ही। यदि किसी मन्त्र में उदात्त की जगह अनुदात्त स्वर लग गया, तो यही होगा कि अग्नि का शरीर में प्रवेश शरीर के ऊपर अंगों की अपेक्षा निचले अंगों में से होगा, लेकिन निष्कामता के कारण होगा, तो शरीर के अन्दर के पथ से सुषुम्ना की ओर ही और वहाँ से वह धारा ऊर्ध्वगति करेगी। इस प्रकार फलप्राप्ति में कुछ विलम्ब हो सकता है या अग्निधारा के वेग में कुछ

न्यूनता हो सकती है, किन्तु यथेष्ट फल मिलेगा अवश्य। हाँ, यदि साधक सस्वर मन्त्रोच्चारण अग्नि के सान्निध्य में कर सके, तब तो सोने में सुगन्ध की बात है। वह तो तत्काल अग्नि के साथ सीधा सम्बन्ध स्थापित कर लेगा।

(3) इस अग्नि-क्रियायोग की तो एक विशेषता ही यह है कि 'ओम-स्वाहा' का उच्चारण करते हुए हाथों का स्पर्श ऊपर से लेकर शरीर के निचले अंगों तक एक क्रम से इस प्रकार किया जाता है कि सारे शरीर में मन्त्रात्मक अग्नि-स्पन्दनों का प्रवेश व्यवस्थित रूप से हो, बल्कि जिस अंग में रोगादि के कारण अग्नि मन्द होती है, वहाँ विशेष रूप से अग्नि का प्रवेश करवाया जाता है। इसलिए अनिष्ट की तो सम्भावना है ही नहीं और अपने शरीर को स्वस्थ बनाने का रास्ता सहज भाव से स्वयं ही निर्मित हो जाता है।

एक अन्य शंका

यह तो हुआ कुछ शास्त्रज्ञ बुद्धिजीवियों के प्रश्न का उत्तर, किन्तु कुछ ऐसे लोग भी हैं, जो अग्नि-साधना के रहस्यों से अनजान तो हैं ही, फिर भी ऐसी साधनाओं पर अपने दिमाग की प्रतिक्रिया करना उन्हें अच्छा लगता है। उनका आक्षेप भी साधकों के ज्ञानवर्द्धन का साधन बन सकता है। वे कहते हैं- अग्नि के सामने बैठने से, हाथ-पैर सेंकने से शरीर गर्म-सा हो जायेगा, तो किसी को भी कुछ न कुछ लाभ हो ही जायेगा, इसमें कौन-सी बड़ी बात है? पीठ आदि का दर्द हो, तो गर्म पानी की बोतल से या हीटर से या गर्म ईंट आदि से सेंक देने का रिवाज बहुत जगह पाया जाता है। अग्नि के सम्मुख बैठने को ही एक बड़ी साधना का नाम देना तो उचित नहीं है... इत्यादि।

सरल समाधान

इस उथले से प्रश्न से तो ऐसा लगता है कि प्रश्नकर्ता को साधना के रहस्यों से कोई परिचय नहीं है। उसकी दृष्टि भौतिकवाद पर ही टिकी हुई है। जिस प्रकार देव दुर्लभ सूर्य-साधनामयी सन्ध्या की कुछ लोग धूप-स्नान से तुलना करते हैं, इसी प्रकार यह प्रश्नकर्ता अग्नि-क्रियायोग

की तुलना अग्नि सेंकने से कर रहे हैं। जिस प्रकार कुछ माताएँ भी कहती हैं कि हमारी तो उम्र बीत गयी चूल्हे के सामने बैठकर रोटियाँ पकाते, क्या यह तुम्हारी अग्नि-साधना से कोई कम है; उसी प्रकार की बात इन प्रश्नकर्ता की भी है। वे नहीं जानते कि **अग्नि तो द्वार है परम शक्ति के धाम तक पहुँचाने का। मन्त्र तथा भक्ति भाव के द्वारा यह कुण्डस्थ अग्नि चेतन हो जाती है।**

अग्नि का देवता तो वाणी है। 'ओम-स्वाहा' इस अग्नि-मन्त्र का विधिपूर्वक उच्चारण करने से अग्नि के देवता के साथ सम्बन्ध स्थापित हो जाता है और चैतन्य हुई अग्नि (विशेष रूप से) मुख के पथ से अन्न आदि भोजन की तरह ही नाभिकुण्ड में प्रवेश करने लग पड़ती है। यही कारण है कि चाहे शुरू में किसी को अग्नि का ताप असह्य भी लगे, 15-20 मिनट की अग्नि-साधना से जब शरीर के अन्दर सुप्त अग्नि प्रज्वलित होने लगती है, तो प्रचण्ड अग्नि की ज्वालाएँ भी एक सुखद तथा तेजोमय रोमांच की अनुभूति करवाने का साधन बन जाती हैं।

चूल्हे की अग्नि, कच्चे अन्न में प्रवेश करके उसको पका देती है और उस पके अन्न के माध्यम से एक प्रकार से अल्पांश में अग्नि का ही भोजन प्राणी करता है, किन्तु यदि अग्नि-क्रियायोग की विधि की धारणा हो जाये, तो एक अग्नि-क्रिया योगी अन्नादि के बिना ही सीधे शुद्ध रूप में अग्निरूपी भोजन कर सकने की शक्ति भी जगा सकता है।

शब्द सुरति संगम आश्रम

– एक परिचय –

साधना-परम्परा

अध्यात्म जगत् में किसी का भी सर्वप्रथम सर्वश्रेष्ठ परिचय उसकी साधना-परम्परा ही है। अध्यात्म का अर्थ ही है **'अधि आत्मने'**, अर्थात् आत्मतत्त्व का अनुसन्धान। अतः जिस परम्परा में और जिस साधना-धारा पर चलकर जीव को अपने सच्चे स्वरूप का बोध होता है, वही तो उसका सच्चा परिचय है। परम पुरुष से अभिन्न उसकी माया प्रकृति में आबद्ध जीव अपने वास्तविक स्वरूप को भूल बैठा है। इसीलिए अनादिकाल से चली आ रही इस सृष्टिधारा में भटक रहे जीवों का मार्गदर्शन करने के लिए आदिगुरु परमात्मा भिन्न-भिन्न रूपों में अवतरित होते रहे हैं। उनकी ही प्रेरणा से अनेक साधना-धाराओं का उद्‌भव भी देशकाल अनुसार होता रहा है, जिससे कि प्रत्येक जिज्ञासु को उसके स्तर के अनुसार मार्गदर्शन मिल सके।

आदिगुरु शंकराचार्य द्वारा स्थापित दशनामी संन्यास सम्प्रदाय की 'पुरी' शाखा का पंजाब प्रान्त में प्रायः लदाना (अब हरियाणा में) ही एक मुख्य केन्द्र हुआ करता था, जहाँ से अनेकानेक सिद्ध सन्त समाज को प्राप्त हुए हैं। रामकृष्ण परमहंसजी को निर्विकल्प समाधि की दीक्षा देने वाले स्वामी तोतापुरीजी भी इसी आश्रम से सम्बद्ध थे। ऐसे ही एक सिद्ध सन्त स्वामी मेवापुरीजी हुए हैं, जो कि परम तपस्वी थे (उनसे पूर्व परम्परा के सिद्धों के विषय में स्पष्ट प्रमाण उपलब्ध न होने के कारण उनका उल्लेख नहीं किया जा रहा)। उल्लेखनीय है कि उन्होंने पहले से यह निश्चित किया हुआ था कि वह गंगा में जाकर एक निश्चित समय पर जल-समाधि ले लेंगे। उस समय पैदल ही यात्राएँ हुआ करती थीं। समय निकट आने पर वार्द्धक्य (सौ वर्ष से भी अधिक आयु) के कारण आश्रम नन्दुआना (ग्राम-किला रायपुर, जिला-लुधियाना) से गंगा की दूरी को देखते हुए जब लोगों ने सन्देह करना प्रारम्भ कर दिया, तब उन्होंने कहा कि अगर मृत्यु को वश में न किया, तो साधु बनना ही व्यर्थ गया। अन्ततः निश्चित समय पर अनेक लोगों के साथ, जिनमें उनके परम शिष्य स्वामी देवपुरीजी भी थे, माँ गंगा की गोद में जाकर

उन्होंने जीवित समाधि ले ली। यहाँ पर स्पष्ट कर दें कि सामान्यत: साधुओं के मृत शरीर को गंगा में प्रवाहित किया जाता है, लेकिन उन्होंने तो जल में समाधि ली थी, देहत्याग नहीं किया था; इसके प्रमाण में तीन दिन पश्चात् विशेष कारणवश उन्होंने शिष्यों को पुन: सशरीर दर्शन दिये थे, जिसका पूर्ण विवरण चरितावली प्रथम भाग में दिया हुआ है।

ऐसे परम सिद्ध गुरु के शिष्य **स्वामी देवपुरीजी** ने इस कलिकाल में भूख-प्यास, निद्रा-प्रमाद, सर्दी-गर्मी को जीतकर सात वर्ष तक अखण्ड तप किया। इस दौरान उनके शरीर पर बस एक काली कम्बली का टुकड़ा होता था (इसी कारण बाद में वह काली कम्बली वाले के नाम से प्रसिद्ध हुए)। तपस्या के दौरान उनके शरीर पर दीमकों ने बाँबी बना ली थी और चूहों ने पैरों की अँगुलियाँ तक कुतर डाली थीं। साँप भी चूहों के पीछे उनके शरीर पर मँडराते रहते थे। इस घोर तप के फलस्वरूप उन्हें आकाशवाणी हुई, लेकिन वह तो समस्त प्रलोभनों से उपराम अपनी साधना में रत रहे। कालान्तर में गुरु-आज्ञा से सनातन साधनाओं का प्रचार तथा प्रसार करते हुए उनके द्वारा अनेक भक्तों का कल्याण हुआ।

बालकाल में ही उनके निकट दो भाई आ गये थे, जिनमें से छोटे के माथे को देखकर उन्होंने कहा कि यह तो पिछले जन्म का पण्डित है, अत: इस जन्म में भी अध्ययन तो करना ही पड़ेगा, ऐसा कहकर उन्हें काशी भेज दिया। यही बालक आगे चलकर **स्वामी दयालुपुरी जी** के नाम से विख्यात हुए। स्वामी जी ज्ञान की साक्षात मूर्ति थे। उनका अध्ययन मात्र पुस्तकीय नहीं था वरन् उनका जीवन भी वेदमय था। उन्होंने अपना सम्पूर्ण जीवन विद्यादान को समर्पित कर दिया। यहाँ तक कि अध्यापन के आधिक्य

से उनकी आँखों की ज्योति पर प्रभाव पड़ने लगा, लेकिन विद्यादान की गंगा बहती रही, आँखों में वेदना बढ़ती गयी और ज्योति मन्द होते-होते अन्ततः समाप्तप्राय हो गयी। मुख्य रूप से काशी के काशी देवी मठ तथा हरिद्वार के हरिभारती विद्यालय से उनका विशेष स्नेह था। उनके पढ़ाये हुए शिष्य अनन्तर अनेक महामण्डलेश्वर, मठाधीश तथा शंकराचार्य पद का सुशोभित करने वाले बने।

ऐसी सिद्ध परम्परा के कर्णधार **स्वामी बुद्धपुरी जी** ने 1972 में IIT, दिल्ली से M. Tech. किया तथा कुछ वर्ष MNREC इलाहाबाद में अध्यापन कार्य किया। बाद में वेदमूर्ति स्वामी दयालुपुरी जी की शरण में आ गये और नौ वर्षों तक कठिन सेवा तथा साधना में रत रहे। उसी दौरान गुरुकृपा से अनेक वेदोपनिषदों आदि शास्त्रों का अध्ययन किया। 1983 में गुरु के महानिर्वाण के उपरान्त आप पहाड़ों-जंगलों में साधना रत रहे। बद्रीनाथ के बर्फीले मौसम में जबकि 8-10 फीट बर्फ गिर जाती है और छः मास के लिए रास्ता भी बन्द हो जाता है, आप आत्मानुसन्धान में दृढ़निष्ठ रहे। समाज में अध्यात्म तथा धर्म के नाम पर फैल रही भ्रान्तियों को देखते हुए उसके निवारणार्थ उन्होंने समस्त साधना-प्रणालियों के अनुसन्धानपूर्वक अनेक ग्रन्थों की रचना की। शास्त्रप्रमाण तथा स्वानुभव के आधार पर उन्होंने 'सिद्धामृत सूर्य-क्रियायोग' आदि अनेक ऐसी साधन प्रणालियों का विकास किया, जो सर्वसामान्य के लिए सहज तथा हितकर हों। अनेक बार ग्राम तथा नगरों में ही नहीं दुर्गम पहाड़ियों तथा बर्फीले ग्लेशियर पर भी उन्होंने बड़ी संख्या में साधकों के साथ शिविर लगाये हैं। प्रायः 1995 से वह यदा-कदा (अकेले या विशेष शिष्यों के साथ) पहाड़ों पर जाते रहे हैं, किन्तु 2004 में उन्होंने अमृतम् अभियान की स्थापना करके यात्रा तथा शिविर संचालन तथा सभाओं आदि का दायित्व भी अपने योग्य शिष्यों को सौंप दिया है। साधना के बल से भोजन-पानी की आवश्यकता से मुक्त होकर वह मुख्यतः मल्लके आश्रम में ही एकान्त में साधनारत रहते हैं।

शब्द सुरति संगम आश्रम

शब्द रूप आदि ब्रह्म से जीव की सुरति का पूर्ण संगम ही जिसका लक्ष्य है, वह है शब्द सुरति संगम आश्रम। आश्रम का लक्ष्य है कि धर्म, जाति की क्षुद्र संकीर्णताओं से निकल कर निज भीतर परमात्मशक्ति जागरण की महायोगीय साधनाओं से सभी का परिचय हो; जो लोग प्राथमिक साधनाएँ करके एक जगह पर अटक से गये हैं, उन्हें आगे का मार्गदर्शन मिले; मात्र मानसिक ही नहीं, वरन् भौतिक स्तर तक उस परमात्मशक्ति का अवतरण हो और एक महामानवों का संघ स्थापित हो, जो कलियुग को सत्ययुग में ले जाने के लिए मानवमात्र का मार्गदर्शन कर सके। इस लक्ष्य की प्राप्ति हेतु संस्था का मुख्य कार्य है– अध्यात्म के गूढ़ विज्ञान को शोधपूर्वक पुनर्प्रकाशित करना; विभिन्न धर्मों एवं मत-मतान्तरों की साधना में सामंजस्य स्थापित करना। वेद-शास्त्रों, धर्मग्रन्थों, सन्तवाणियों में छिपी महायोग साधनाओं को सरल रूप में जनसामान्य तक पहुँचाना। इसके अन्तर्गत एकान्त साधना अनुष्ठानों तथा ग्रन्थ प्रकाशन के अतिरिक्त समय-समय पर आश्रम की ओर से विभिन्न स्थानों पर साधना शिविरों तथा कार्यशालाओं का आयोजन भी किया जाता है। मुख्यत: त्रैमासिक पत्रिका 'कुण्ड अग्नि शिखा' इस अभियान की एक सशक्त कड़ी है।

संस्था का मुख्य कार्यालय पंजाब **(गाँव-मल्लके, जिला-मोगा -151207)** में है। यहाँ ग्रामवासियों के अनुदान से 1994 में खेतों के बीच 5 एकड़ में बना आश्रम प्रारम्भ में मात्र एक सभा हाल तथा कुछ कमरों से विस्तृत होते-होते आज 50 सर्व सुविधासम्पन्न कमरों, दो बड़े हाल (डॉर्मिटरी), साधना हॉल, लंगर हॉल, हजारों पुस्तकों से सुसज्जित पुस्तकालय, विशेष साधना हेतु पिरामिड गुफाओं तथा अन्य आवश्यक सुविधाओं से युक्त है। संस्था से सम्बद्ध एक अन्य आश्रम ग्राम-किला रायपुर, जिला-लुधियाना में है जो कि प्रभु कम्बली वाले के समय से बना हुआ है। अधिक जानकारी आश्रम की वेबसाईट **www.shabadsuratsangam.org** से प्राप्त की जा सकती है।

◈◈◈